blue notes
17

Zur Sonne, zum Licht! Schon immer wusste die Bohème, wo es schön ist auf der Welt. Folgen wir ihnen doch ans Meer, nach Hiddensee. Keine andere deutsche Insel war ein so starker Magnet für Freiheitssuchende und -liebende. Der Großstadt entflohen, fanden hier die Dichterinnen und Dichter, Musiker, Architekten, Schauspielerinnen und Schauspieler und ihre gesamte Bagage Zeit, um ihre Ideale in die Tat umzusetzen. Die meisten blieben nur für einen Sommer, viele kamen immer wieder. Einige jedoch erkoren Hiddensee zu ihrem bevorzugten Domizil. Unda Hörner folgt denen, die sich auf der Insel niedergelassen hatten, und erzählt ein besonderes, ein maritimes Kapitel der Geschichte der Avantgarde. Ein kompetenter Leitfaden für Spaziergänger auf Hiddensee, die dort den Spuren berühmter Frauen und Männer nachgehen.

Unda Hörner

Auf nach Hiddensee!

Die Bohème macht Urlaub

ebersbach & simon

Inhalt

Die Bohème entdeckt die Insel

Unter einem unfaßbar hohen und blauen Himmel, in Licht und Farben getaucht, die hier noch leuchtender waren als an anderen Orten des Nordens, die ich kenne, liegt die schmale, primitive Insel wie eine Oase in der Ostsee.[1]

Das schreibt, in ihren Lebenserinnerungen, die dänische Stummfilmdiva Asta Nielsen, die sich in den zwanziger Jahren ein Ferienhaus auf Hiddensee zulegte – und nicht nur sie zog es ans Meer.

Wie der Berliner wohnen will – „vorn die Ostsee und hinten die Friedrichstraße" – so dichtete gewitzt Kurt Tucholsky.[2] Ja, die Ostseebäder: Ihrer schnellen Erreichbarkeit wegen waren sie die bevorzugten Naherholungsziele der Berliner. Etwa drei Stunden dauerte die Reise von der Hauptstadt nach Stralsund. Während der Sommermonate ließ sich das *tout* Berlin der Dichter und Denker nahezu geschlossen zwischen Lübecker Bucht und Usedom blicken. Gut, auch die Nordseeinsel Sylt war sehr *en vogue*, wo Gret Palucca schon früh tanzte und der sowjetische Dichter Wladimir Majakowskij sich mit seinen russischen Freunden von der Revolution erholte. Es gab auch

Liebhaber milderer Klimazonen, die sich auf den Mittelmeerinseln Mallorca und Ibiza tummelten. Die Ostsee aber war der Berliner liebstes Ziel, sofern sie nicht auf der Friedrichstraße flanierten. Und Hiddensee stellte als Reiseziel eine besondere Attraktion dar. Der von den Literaten wohl am stärksten mit der kleinen Ostseeinsel verbundene Schriftsteller Gerhart Hauptmann stellte 1935 fest, nachdem er schon mehrere Jahrzehnte auf der Insel zugebracht hatte:

> *Unter den Gästen Hiddensees haben sich, abgesehen von den schönen und schönsten Frauen, Dichterinnen, Dichter, Maler, Bildhauer, Musiker, Schauspieler und sonstige Künstler ohne Zahl befunden. Männer klangvollster Namen aus allen Gebieten der Wissenschaft, Hiddensee wurde das geistigste aller deutschen Seebäder.* [3]

Jedes der um die Jahrhundertwende in Mode gekommenen Seebäder war rasch durch ein spezielles Klientel gekennzeichnet: „In Bansin erholten sich die Künstler, in Heringsdorf die Schwerindustriellen, nach Ahlbeck kam das Bürgertum, in Swinemünde logierte das Militär.“ [4]
Die Insel Hiddensee schließlich wurde für die Individualisten und Libertins, naturgemäß nicht selten

Künstler, bald zu einem erklärten Lieblingsziel. Das weithin Naturbelassene dieses Verstecks im Meer unterschied sie von allen, mit zunehmendem Tourismus immer mondäner werdenden Küstenorten, die mit der Länge ihrer ins Wasser reichenden Holzstege um die Gunst der Sommerfrischler wetteiferten. Hiddensee hatte nichts von alledem aufzuweisen, keinen kilometerlangen Holzsteg, keine Strandpromenade, kein Spielcasino – nur Sonne, Strand und Himmel. Genau das aber war das Geheimnis der Insel.

Die Namen derer, die während Theaterferien, Sommer- und Schaffenspausen aus Berlin auf die Insel strömten, sie sind Legion. Salopp gesagt: Zu manchen Jahreszeiten liefen mehr Geistesgrößen auf Hiddensees neunzehn Quadratkilometern herum als Kühe auf den Inselwiesen standen. In den Gästelisten der Inselhotels tauchen die berühmten Besucher auf: Ernst Blass, Carl Zuckmayer mit Familie, Hans Fallada, Erich Mühsam, Ernst Toller, Lion Feuchtwanger, Mascha Kaléko, Joachim Ringelnatz, Albert Einstein. Weitere prominente Namen lassen sich in einem 1925, während des Reisebooms der Bohème erschienenen „Sommerbuch" finden, das auf der wegen der dort herrschenden Freizügigkeit „unerschrockenen Insel" spielt. Es sind die zuweilen pathetischen Impressionen eines heute vergessenen Autors, der immer wieder die Künstler und Intellektuellen in seine Handlung einflicht – ein wahrer Reigen an illustren Sommerfrischlern. Gewidmet ist das Büchlein niemand Geringerem als „Meiner Else Lasker-Schüler“, der sensiblen und expressionistischen Dichterin, die als „ein tapferer Soldat des Lebens“ selbst einen kleinen Gastauftritt darin hat, „mitten im Menschenhaufen sitzt und nach jedem lauten Wort zornig den Kopf dreht.“ In einem recht amüsanten Capriccio führt der Autor in seinem Buch die großen Namen seiner Zeit, Schauspieler, Schriftsteller und andere Genies am Strand von Hiddensee zusammen:

> *Es sitzt da Gertrud Eysoldt. Es gibt keine Frau in Europa, die schärfer sähe und schärfer spräche. […] Ernst Bertram, der Gelehrte. Er brütet wie eine Pflanze, einsam in der Sonne stehend, über Ursprung und Ziel der Welt. […] Kasimir Edschmid. Auf dem Meer, hohes Segel über sich, tanzend auf den Gebirgen der Wellen. […] Tilla Durieux: weither kommend, von fremden, leidenschaftlichen Sonnen verbrannt. […] Gottfried Benn. Wieder ein Arzt. Aber auch ohne Arzt zu sein, würde er nicht über die Scham hinwegkommen, Dichter zu sein. Der Empörer-*

ischste von allen. Sein Lieblingswort ist Eiter. […] Stefan Zweig. Immer kündet er von Liebe. Zu einem Land, einem Erdteil, einem Fluß, Berg, zu irgendeinem Menschen. […] Paul Klee: Wir bestehen alle aus Linien und Kreisen. Bäume, Meere, Wolken: Linien und Kreise alles. […] Hier liegen sie, an gastlichen Strand geflüchtet, zur Schwester, zur Insel.[5]

In der großen Schar der Hiddensee-Pilger befanden sich auch jene Reisende, die sich von der Insel in der Ostsee überhaupt nicht mehr gern trennen wollten. Waren sie zwar durch eine Arbeit gehalten, am Ende der Sommermonate wieder nach Berlin oder in eine andere Stadt zurückzukehren, so wollten sie ihre Präsenz auf Hiddensee doch dauerhafter manifestiert wissen als durch ein paar Fußspuren im Sand: Sie brauchten dort eine persönliche Adresse. Als Gerhart Hauptmann 1930 sein eigenes Hiddenseer Domizil bezog, war er längst nicht der Erste mit Anwesen. Asta Nielsen konnte seit 1929 ein Haus ihr eigen nennen, errichtet vom nicht zuletzt für Hiddensee so bedeutenden Architekten Max Taut. Einige Jahre früher schon errichtete der Maler Oskar Kruse hoch auf dem Berg seine „Lietzenburg“, in die später seine Schwägerin, die bekannte Puppenmacherin Käthe Kruse mit ihrer Familie einzog. Die Stralsunder

Malerin Elisabeth Büchsel sollte sich Anfang des Zwanzigsten Jahrhunderts auf Hiddensee niederlassen und als ‚die Malerin von Hiddensee' in die Kunstgeschichte eingehen. Der Architekt Hermann Muthesius baute ein Fischerhäuschen in Vitte um, Eigenbedarf für sich und die Familie. Und wiederum Jahrzehnte später, als nach erzwungenem Stillstand das intellektuelle und künstlerische Leben im Lande langsam wieder zu erwachen begann, vertauschte die Tänzerin Gret Palucca Sylt mit Hiddensee; die Fotografin Ilse Ebel übernahm schließlich die Insel-Lichtbildnerei ihres Vaters in Vitte.
Diese Inselbewohner haben sich für immer in die Geschichte Hiddensees eingeschrieben. Was zog sie dorthin?

Asta Nielsen vor ihrem Haus in Vitte

Zu Besuch bei Asta Nielsen

Das blau gestrichene Haus, in dem die dänische Stummfilmschauspielerin Asta Nielsen einige Sommer verbrachte, wirkt genauso rund wie ein Karussell, und so steht es auch – weiß auf blau hingepinselt – als Schriftzug in großen Druckbuchstaben über der Eingangstür des Hauses: „Karusel" – mit nur einem S und einem L, gemäß der dänischen Schreibweise. Gegen Ende der zwanziger Jahre, als Asta Nielsen sich mehr und mehr vom Film zurückzog – der neue Tonfilm ruinierte eine ganze Anzahl Karrieren von Stummfilmschauspielern, die sehr wohl gelernt hatten mit Mimik und Gestik, nicht aber mit der Stimme umzugehen – kaufte sie sich das 1922 erbaute „Sommerhaus Müller" und taufte es seiner runden Gestalt wegen „Karusel". Und ganz wie bei einem Karussell ging es auch rund im gleichnamigen Hause.

Nach der Trennung von ihrem Mann war Asta Nielsen eine Weile mit dem aus dem postrevolutionären Moskau kommenden Schauspieler Grigori Chmara liiert, der durch seine Rolle als Raskolnikoff und sein Mitwirken in dem bedeutenden Pabst-Film *Die freudlose Gasse* kurzzeitige Berühmtheit erlebte. Mit Chmara hatte Asta Nielsen nicht nur in diesem, sondern in mehreren Filmen vor der Kamera gestanden, unter anderem in dem recht sentimentalen Melodram *Das Haus am Meer* (1924). Die beiden stellen darin ein Fischerehepaar dar, dessen Liebe durch einen Dritten auf eine heftige Zerreißprobe gestellt wird. Wie passend: Die Liaison der beiden Schauspieler fiel in die Zeit des wirklichen Hauses am Meer.

Asta Nielsen schrieb im Juni 1929 in ihr Tagebuch:

> *Wir haben Glück gehabt. Unser Haus ist schon umgeben von einem hellgrünen Grasteppich, die Arbeit hat sich gelohnt. Himmelblaue Decken sind aus Stralsund für die Gastbetten gekommen. Im Keller ist Pilsner und Korn aufgelagert, unsere Gäste können kommen.*[6]

Die allerersten Gäste in Asta Nielsens Karusel waren – natürlich – Gerhart Hauptmann und seine Frau Margarete Marschalk, die man wegen ihrer Frisur oft mit Asta Nielsen verwechselte.[7] Freilich – Gerhart Hauptmann, der die Insel als seine Entdeckung ansah, sich selbst ganz unbescheiden als ungekrönter König der Insel betrachtete und deren Überflutung mit Eindringlingen befürchtete, musste da schon mal nach dem Rechten sehen in seinem Inselreich. Er wollte wohl als allererster wissen, wer ihm da auf den (Biber-)Pelz rückte … und scheinbar fand die Diva Gnade vor seinen Augen. Als Dramatiker sah Hauptmann in der Schauspielerin offenbar sogleich die Verkörperung einiger seiner Frauencharaktere und schlug ihr vor, demnächst die Rolle der Rose Bernd zu spielen. Auf ihren Einwand hin, dass diese Rolle doch ein weizenblondes Bauernmädchen mit Zöpfen vorsehe, ein Typus, dem sie so gar nicht entsprach, antwortete er: „Man kann sie ebensogut als ein polnisches Mädchen darstellen, das wäre eine interessante Neufassung.“ [8]

Zu den Freunden Asta Nielsens gehörten auch der Dichter und Allround-Künstler Joachim Ringelnatz und seine Frau Leonharda, genannt ‚Muschelkalk‘. Gleich 1929 kamen sie aus München zu Besuch in das neue Haus auf Hiddensee. Es war eine Idee Asta Nielsens, dass jeder Gast in ihrem Garten sein persönliches Zeichen setzen sollte, in Gestalt einer mitgebrachten Pflanze. Während die Dame des Hauses am nächsten Tag zusammen mit Grigori Chmara ein ausführliches Bad im Meer nahm, machten sich die Gäste eilfertig mit Spaten und Rechen ans Werk. Das war wirklich gut gemeint – doch das Bild, das sich der Hauseigentümerin am späten Nachmittag bei ihrer Rückkehr vom Strand bot, war für sie dann mehr als erschütternd:

> *Unser reizender Grasgarten war völlig vernichtet. Es war dem Ehepaar geglückt, alle (und noch mehrere) von uns mit großer Mühe weggebrachten Steine wieder in den Garten zu schleppen, Steinhaufen thronten zwischen gähnenden Löchern, steinerne Wege liefen wie Schnittwunden über das junge Gras, unser geliebter Garten sah aus wie ein Stückchen Erdbeben, und mitten in der Verwüstung standen stolz lächelnd unsere sieghaften Gäste. Wie ich aussah, weiß ich nicht, meines armen Mannes Ausdruck war unheimlich. Nun, sagte Ringelnatz mit Würde, können die Bepflanzungen vor sich gehen.*[9]

Offenbar mit einer ganzen Samenhandlung im Gepäck war das Ehepaar Ringelnatz nach Hiddensee gereist. Während Muschelkalk, auf dem Boden kniend, aus lauter Tütchen Pulver in die Erde schüttete, las Ringelnatz seine Liste feierlich von einem Zettel ab: „Kümmel für euren Korn; Zwiebeln für eure Wurst; Datteln für den Nachtisch; Zitronen für Nikolaschka und Paranüsse für eure eventuellen Kinder.“[10]

Asta Nielsen und Joachim Ringelnatz

Asta Nielsen war eine perfekte Gastgeberin; sie nahm derlei Schabernack am Ende mit Humor. Nicht ohne Grund nimmt die Anekdote vom so verheerenden Ringelnatz-Besuch einigen Raum ein in den Erinnerungen der Diva. An Exzentriker in ihrem Hause war sie gewöhnt. Die Gäste drängten in ihr offenes Haus, wie Motten zum Licht:

> *Im allgemeinen fanden sie sich gegen drei Uhr ein. Dann stellten wir Tische und Stühle ins Gras, etwas anderes gab es nicht um mein Haus. Das Mädchen lief mit Kaffeekannen ein und aus; es gefiel ihr, daß die mit Kringeln des Insel-Bäckers gefüllten Schalen sich so rasch leerten. Einige Gäste blieben hin und wieder zum Abend. Räucheraal und Flundern waren Hauptbestandteil der Mahlzeit. In dieser Gegend war alles so gesegnet einfach. Nach dem Essen versammelten wir uns am Kamin um die große Kupferbowle … und die Unterhaltung hub an. […] Die Kunstwelt wurde von allen Seiten beleuchtet und erhielt ihren blauen oder roten Stempel. […] Der Dichter Ringelnatz veranschaulichte im Handumdrehen mit Hilfe von Streichhölzern, wie die Pyramiden in der Wüste erbaut wurden, und der Bildhauer Martin Möller bedauerte, nicht zur Zeit Benvenuto*

Cellinis zu leben, in der man umfangreich von Dolchen und Gift Gebrauch machte, um sich Nebenbuhler vom Halse zu schaffen.[11]

Auch Asta Nielsens Schauspielerkollegen Heinrich George oder Paul Wegener, die sich auch mit Ringelnatz bestens verstanden, waren in der folgenden Zeit noch häufiger Gäste im runden, blauen Haus. Asta Nielsens Schwester Johanne kam dazu, ebenso wie ihre Tochter Jesta. Man diskutierte immer wieder heftig, zu vorgerückter Stunde wurde das Tanzbein geschwungen.

Mit einem Mal waren alle auf den Beinen. Pyramiden und Benvenuto sanken ins Meer, Tische und Stühle wurden an die Wand geschoben, und jeder ergriff seines nächsten Weib. Nirgends war man so jung, so froh und so frei wie auf dieser Insel.[12]

Ringelnatz verfasste ein Gedicht auf die Gastgeberin, dem der Überschwang jener Zeit anzumerken ist:

Asta Nielsen weiht einen Pokal

Du irrst, Asta, wenn du denkst:
Dieser Pokal sollte dein sein.

Du sollst ihn nur einweihn,
daß du ihn mir schenkst.
Daß ich gestern wieder einmal
Vor deiner Kunst glühte,
Trinke nun künftig aus diesem Pokal
Deinen Kuß und deine Güte.

Denn das Herz ist durstiger als die Kehle.
Glas zerbricht einmal. Menschenfleisch stirbt.
Deine große Barfußmädchenseele,
Asta, ewig lebt sie, webt und wirbt.[13]

Joachim Ringelnatz war schon seit der ersten Begegnung in Berlin ein begeisterter Verehrer der dunkelhaarigen Dänin. Er

> *sagte in Matrosenuniform eigene Gedichte auf, mit einem vollen Glas in der Hand. Bei seinem Auftreten schimmerte mir von seiner nackten Brust ein blaugemaltes, von einem Pfeil durchbohrtes Herz mit meinem Namen entgegen, und über diese Brücke, die er mit seinem stummen Gruß zu mir schlug, fand meine Begeisterung bald den Weg zu ihm.*[14]

Eine andere dauerhafte Liebe des Dichters mit der Matrosenseele aber galt dem Hochprozentigen:

Asta Nielsen vor ihrem Haus, um 1930

„Ringelnatz sucht noch immer Bernsteine", notierte Asta Nielsen, „das einzige, was er aber gefunden hat, ist eine Kneipe, wo man guten Korn bekommen kann, und ein Hotel, das besseren Kaffee macht als wir." [15]

Ringelnatz fühlte sich am Hafen mehr als heimisch: Seine Lehrjahre hatte er auf der Suche nach Abenteuern, über die sich viel schreiben ließe, einst an Bord eines Schiffes begonnen; der Dichter Ringelnatz war ein gelernter Seemann, der noch im Ersten Weltkrieg Dienst auf hoher See geleistet hatte. Die Verwirklichung des Traumes von Freiheit und Abenteuer, die er sich von der christlichen Seefahrt versprochen hatte, wichen bald einer ernüchterten Sicht. Deck schrubben war noch das Geringste an Erniedrigungen, die man dort erleben konnte – am schlimmsten war wohl die Erfahrung, dass die Kaiserliche Flotte im Ersten Weltkrieg in einer aussichtslosen Schlacht in ihr Verderben geschickt werden sollte.

Die Essenz seiner Existenz auf See schlug sich indes tatsächlich in Ringelnatz' Gedichten nieder: Er erfand die Abenteuer des Seemanns Kuttel Daddeldu und brachte unter anderem seine „Marine-Kriegsgeschichten" unter dem Titel „Die Woge" zu Papier. Die andere Essenz führte er sich gemeinsam mit den

Fischern der Insel zu Gemüte; man trank immer wieder aufs neue Brüderschaft in der Hafenschenke von Vitte, und der ordentliche Zecher verirrte sich in einer Nacht nach einem neuerlichen Gelage mit den Ortsansässigen mitten auf den sumpfigen Kuhweiden, stürzte dort in Wassergräben, rappelte sich wieder auf, schleppte sich mit letzter Kraft zurück zum Karusel und wurde schlammbedeckt und sturzbetrunken von seiner „Barfußmädchenseele" im Haus am Meer in Empfang genommen.

Die dänische Diva würde es freuen zu hören, dass ihr Karusel nach jahrelangem Leerstand denkmalgerecht saniert und im Jahre 2015 als Asta-Nielsen-Haus eröffnet wurde. Der Besucher findet dort eine Ausstellung über sie sowie den Erbauer des Hauses, Max Taut. Man kann hier auch heiraten.

Gerhart Hauptmann
(auf seinem Inselreich)

Mann und Hauptmann – zwei Könige, ein Inselreich

Kein Zweifel, Gerhart Hauptmann ist der altehrwürdigste Prominente der Insel: Zusammen mit seiner Frau Margarete verbrachte Hauptmann die Sommer ab den zwanziger Jahren regelmäßig auf Hiddensee, das er schon von sehr viel länger zurückliegenden Aufenthalten her kannte. Sie wohnten dort zunächst in unterschiedlichen Häusern, Hotels und Pensionen auf der Insel. Die Gemeinde Kloster erwarb 1930 das Haus Seedorn am Dornbusch, das bis dahin einem Berliner Unternehmer und seiner Freundin gehört und in dem Hauptmann bislang auch nur zur Miete gewohnt hatte, und bot es dem Schriftsteller zum Kauf an – ein so berühmter Dichter auf der Insel, welche Ehre! Der so umbuhlte Gerhart Hauptmann willigte ein; er zahlte der Gemeinde 32.000 Reichsmark und ließ noch im gleichen Jahr einen Anbau vornehmen. Das alte und das neue Haus – im Stil der Zeit erbaut und aus roten Klinkern – wurden miteinander durch einen mittelalterlich anmutenden Kreuzgang verbunden, unter dem sich des Schriftstellers legendärer Weinkeller befand, der Jahr für Jahr neu bestückt wurde – und den brauchte er auch, bei einem Quantum von zwei Flaschen Rotwein pro Tag. Das ursprüngliche Haus Seedorn hielt Hauptmann für seine Ansprüche vielleicht für zu klein – mit dem großzügigen Anbau verwirklichte der Inselkönig nicht zuletzt auch seine Vorstellungen von einem standesgemäßen, recht herrschaftlichen Haus in seinem selbsternannten Inselreich, so wie er es sich bereits in der schlesischen Heimat hatte errichten lassen. Zu dieser Vorliebe für die große Geste passte, dass der Dichter nicht etwa die Fähre nahm wie die Normalsterblichen – Gerhart Hauptmann und seine Frau reisten exklusiv auf einem Boot an, und im Hafen von Kloster wurde ihnen jedes Mal ein roter Teppich ausgerollt.

Der Grandseigneur liebte es jedoch auch naturverbunden und ganz im zeitgemäß-reformerischen Sinne: Weilte Hauptmann auf Hiddensee, so verließ er das Haus frühmorgens nur mit einem Bademantel bekleidet in Richtung Strand. Er legte den kurzen Weg zwischen Seedorn und Uferstreifen zurück und warf den Bademantel ab, um sich in die meist recht kalten Fluten der Ostsee zu stürzen. Ein Foto bereits aus dem Jahre 1919 zeigt Hauptmann denn auch, wie er in einer Franziskanerkutte und barfuß am Meer steht. In derartiger Pose erinnert Hauptmann an Anspielungen auf zeitgemäße barfüßige Weltver-

In der Pension „Haus am Meer“ wohnten 1924 sowohl Gerhart Hauptmann als auch Thomas Mann mit Familie.

besserer und deren Spiegelbilder in seinem eigenen Werk: Notizen gibt es, in denen sich Hauptmann mit dem tessinischen Monte Verità befaßt – jener Künstlerkolonie, in der er als ein Befürworter des Krieges allerdings kein willkommener Gast bei den wahrheitssuchenden Friedensaposteln und Geistrevoluzzern war. Wohl aus diesem Grunde erreichten die Helden des Schriftstellers ihr Ziel nie: „Hauptmanns Quint, sein ‚Narr in Christo', seine Mignon, sein Till – sie sterben auf dem Weg ins Tessin oder im Tessin." [16]

Sie sterben dort, wo der verheiratete Hauptmann einstmals eine neue Heimat suchte und nicht fand. Gerhart Hauptmann aber endete freilich nicht wie seine Helden: Die Sehnsucht nach dem unerreichbaren ‚Berg der Wahrheit' zog ihn schließlich auf seinen eigenen Berg, auf den Dornbusch am Steilufer von Kloster. Hauptmanns Verbundenheit mit Hiddensee fällt auch mit dem Anfang seiner zweiten Ehe zusammen: Mit Margarete, damals noch seine Geliebte, kam er erstmals 1896 nach Hiddensee, hierhin zog sich der noch verheiratete Gerhart Hauptmann mit ihr zurück, um dem Gerede der Leute und vielleicht auch den eigenen Gewissenskonflikten zu entkommen. So ist die Insel Hiddensee denn ein glücklicheres Ziel auch seiner literarischen Protagonisten: *Die Insel der großen*

Mutter ist ein in die Südsee verlegtes Hiddensee, *Gabriel Schillings Flucht* ist über lange Passagen auf Hiddensee angesiedelt, die Namen seiner beiden Vagabunden *Schluck und Jau* gehen zurück auf die beiden am häufigsten vorkommenden Familiennamen Schluck und Gau. Hauptmann-Lesern ist dies weithin bekannt.

Das repräsentative Haus des Dramatikers in Kloster war bald ein weiterer beliebter Anlaufpunkt für die Bohème, und möglicherweise fühlten sich auch ganz gewöhnliche Touristen angelockt von der Gegenwart des berühmten Wahl-Hiddenseers. Auf dem kleinen Eiland bildeten die prominenten Sommergäste jedenfalls eine einschlägige Gruppe – Gegeneinladungen an Asta Nielsen, Aufwartungen der Familie Kruse aus der oberhalb von Seedorn gelegenen Lietzenburg, Stippvisiten des Ehepaars Muthesius. „Das gesellige Leben des Ortes wurde beherrscht von Gerhart Hauptmann", schreibt Klaus Mann in seiner Autobiografie. „Den abendlichen Trinkereien wohnten wir manchmal bei, manchmal nicht. Wenn wir dabei waren, blieben wir stumm aus Schüchternheit und Renitenz." Klaus und Erika Mann die unzertrennlichen, damals halbwüchsigen Geschwister, schätzten den patriarchalischen Habitus des ungekrönten Inselkönigs mit dem Goethe-

Klaus und Erika Mann auf Hiddensee, 1924

Gebaren überhaupt nicht. Klaus Mann erinnert sich, „daß Hauptmann einmal beim Weine eine Art Segen über mich aussprach, wozu mein Vater sagte: ‚Na, wenn das nicht anschlägt' – eine Bemerkung, die mich nachhaltig verletzte, ohne daß ich eigentlich den Grund dafür angeben könnte." [17] Nun, der Grund mag schon damals in der Konkurrenz zwischen Vater und Sohn gelegen haben. Klaus, der seinerzeit in verschiedenen Hotelzimmern an „kleinen krassen Novellen" laborierte, wurmte wohl derlei selbstgefälliger Zuspruch der Vertreter einer Schriftstellergeneration, die er einerseits bewunderte, von der er sich andererseits gerade mit aller Kraft abstoßen wollte.[18]

Bevor Gerhart Hauptmann sein eigenes Domizil auf der Insel besaß, und noch bevor Thomas Mann 1924 seinen Roman *Der Zauberberg* veröffentlichte, in dem Hauptmann sich in der Figur des leicht grobschlächtigen und dem Alkohol zu keiner Tageszeit abgeneigten Mynheer Peeperkorn wiedererkannte und sich auf das Unangenehmste darin verzerrt sah, war die Familie Thomas Manns also vollzählig zu Gast auf Hiddensee. Im Sommer des Jahres 1924 logierte sie dort, wo Hauptmann ebenfalls wohnte, im Haus am Meer. Tagsüber gab man sich den Badefreuden hin, turnte im Sand der Dünen und in der Dünenheide, abends wurde dann getafelt. Klaus Mann überredete seine damalige Verlobte, Pamela Wedekind, Tochter des Dramatikers Frank Wedekind, ebenfalls an die Ostsee zu kommen, denn nur zu dritt, zusammen mit ihr und der Schwester Erika, fühlte Klaus sich komplett. Und sie kam: Das Trio unternahm ausgedehnte Spaziergänge am weißen Strand entlang, es vergnügte sich auf einem Jahrmarkt und beteiligte sich an allerhand Wettspielen zur Belustigung der Badegäste. Erika gewann bei einem Turnier im Gedichte-Aufsagen eine Flasche Champagner, die sie dann gemeinsam in den Dünen leerten.

Das Einvernehmen zwischen Thomas Mann und Gerhart Hauptmann, den beiden Nobelpreisträgern mit dem gemeinsamen Vorbild Johann Wolfgang Goethe, schien allerdings weniger gut gewesen zu sein. Das Ehepaar Mann beklagte sich schon bald, von den Hauptmanns wie Gäste zweiter Klasse behandelt worden zu sein. Die vielzitierten Worte aus den Memoiren der Katia Mann sind inzwischen Legende:

> *Unsere Nachbarschaft auf Hiddensee war etwas ärgerlich, weil Hauptmann doch der König von Hiddensee war. Er hatte uns sehr geraten, dort*

hinzukommen. Nun war er aber dermaßen eindeutiger König, daß für uns dort wenig Aufmerksamkeit abfiel. Wir wohnten im ‚Haus am Meer', ‚seinem' Haus, hatten aber mit den übrigen Gästen im Speisesaal zu essen und bekamen sehr mäßiges Essen, wohingegen Hauptmann köstliche Speisen auf die Zimmer hinaufgetragen wurden. Das Ganze war etwas verdrießlich.[19]

Eine Laune der Erinnerung einer anspruchsvollen Schriftstellergattin? Das Essen kam immerhin aus derselben Küche.

Dass auch Klaus Mann nicht die allerbesten Erinnerungen an den Hiddensee-Aufenthalt hatte, mochte allerdings daran liegen, dass er mal wieder auf der Flucht vor seinen Gläubigern war. Der Rastlose, ständig unterwegs auf der Suche nach neuen Abenteuern, war durch „wirklich übertriebenen Leichtsinn", wie er selber zugeben musste, in arge Geldverlegenheiten geraten und sann in einem „längst nicht mehr bezahlten Hotelzimmer" über Selbstmord nach – zu guter Letzt landete er dann auf Hiddensee, wo ihm die großzügigen Eltern einmal mehr mit Kleingeld aushelfen mussten. Dieser Umstand, so Klaus Mann, *verdarb mir den Aufenthalt etwas, der auch sonst nicht ideal gewesen wäre. Ich habe den Strand von Hiddensee sehr steinig und das Wasser sehr kalt in Erinnerung. Für die landschaftliche Schönheit der Insel befand ich mich zu zerfahren und ramponiert. Zudem ist mir, als sei in den Dünen und Wäldchen nur immer von Theater- und Verlegerangelegenheiten zu hören gewesen. Auch wenn ich an unser Hotel, das ‚Haus am Meer', denke, fallen mir nur kleine Unannehmlichkeiten ein, nicht das Gute, was es doch sicher bot.*[20]

Die Manns zogen es für spätere Sommerfrischen dann also doch lieber vor, eine eigene Residenz zu beziehen, an einem ähnlich abgelegenen Ort wie Hiddensee, wo die Sonne des Großschriftstellers Thomas Mann von keinem anderen überschattet erstrahlen konnte. Sie ließen sich ein Sommerhaus in einem bei Künstlern ebenfalls sehr beliebten Fischerdorf, in Nidden an der Kurischen Nehrung errichten, das sie im Sommer des Jahres 1930 zum ersten Mal bewohnen konnten. Es stand dem Haus Hauptmanns an Stattlichkeit in nichts nach. Auch hier hätten Meer und Strand schließlich einen primitiven, elementaren Charakter, befand Thomas Mann.

Katia, Monika, Michael, Elisabeth, Thomas, Klaus und Erika Mann, Hiddensee 1924

Eine besonders lange Zeit war den Manns in ihrem Sommerhaus am Meer indessen nicht vergönnt. Nach der Emigration der Schriftstellerfamilie im Jahre 1933 wurde es zum Jagdhaus Hermann Görings. Heute beherbergt es, dank vieler Spenden vor allem litauischer Schriftsteller, eine Thomas-Mann-Gedenkstätte und ein Museum mit dem rekonstruierten Arbeitszimmer, in dem der Schriftsteller vor der nicht mehr länger aufschiebbaren Flucht aus Deutschland an seinem Josephsroman schrieb.

Hiddenseer Fischerfrau mit Strickzeug, 1910
Elisabeth Büchsel

Das Meer und die Malerinnen

Es war im ausgehenden neunzehnten Jahrhundert, als die Maler den Akademien den Rücken kehrten und mit ihren Staffeleien hinaus aufs Feld und in die weite Flur strebten. Sie stellten ihre Staffeleien auf in den französischen Orten Barbizon und Pont-Aven, entdeckten Murnau und das belgische Tervueren, eroberten Worpswede ebenso wie Ahrenshoop und Nidden. Seestücke und Strandspaziergänger waren immer wieder beliebte Motive. Die Expressionisten, die Maler der Künstlervereinigungen „Die Brücke" und „Der Blaue Reiter" pilgerten an den weißen Strand von Hiddensee, um dort Aktbilder zu malen; vielseitige Künstler wie Emil Orlik oder Alexander Kanoldt füllten während ihres Aufenthaltes jeweils ganze Mappen mit Hiddensee-Lithographien.

Die Künstler, die sich in die Natur und in die kleinen Provinzorte jenseits der großen Kunstmetropolen mit ihren konservativen Kunstrichtern zurückzogen, taten dies ganz bewusst in Abkehr von den akademischen Vorgaben, die sie als Einengung begriffen. Es war die hohe Zeit der Sezessionsbewegungen, jener Abspaltungen von Künstlergruppen, die aus der Unabhängigkeit neue Formen schöpften. Und natürlich war der Weg in die neu sich bildenden Künstlerorte ein Weg, den Frauen beschreiten konnten, die um die Jahrhundertwende noch kaum einen Zugang zu Kunstakademien bekamen; sie hatten an den alternativen Stätten, den Idyllen in der Provinz, Gelegenheit, ihren Interessen nachzugehen und ihr Talent autodidaktisch oder bei privaten Lehrern auszubilden.

Auf Hiddensee entstand eine alternative Gemeinschaft der „Malweiber". Die Gründung des Hiddenseer Künstlerinnenbundes geht auf das Jahr 1922 und auf Henni Lehmann zurück, einer vielseitig begabten Gattin eines Juristen aus sozialdemokratischen jüdischen Berliner Kreisen, die nicht nur die Kunstakademie besucht hatte und malte, sondern auch Romane verfasste. Das Hiddenseer Haus der Lehmanns stand am Vitter Norderende gleich neben einer blau angemalten Scheune, welche zum Treffpunkt und Ausstellungsort der Malerinnen wurde, die sich dort bald in ansehnlicher Zahl zusammenfanden. Gerhart Hauptmann, einmal mehr in Sorge um die Exklusivität seiner Insel, vertraute seinem Tagebuch die Befürchtung an, Hiddensee ein Weltbad werden zu sehen; er sah zu dieser Zeit „seine" Insel mit einiger Missbilligung zum einschlägigen Modeziel degenerieren: „Hiddensoe. Es ist ein ekelhaft bekrochenes Eiland geworden. Ein dickes

Weib hat eine Villa errichtet, und malt frech vor der Tür mit zwei Centnern am Leibe. Fürchterlich!"[21] Nichtsdestotrotz: Bald war das blaue Haus als „Kunstscheune" in aller Munde und zog binnen kurzem noch weitere Malerinnen aus der Stadt an, die das maritime und libertäre Klima von Hiddensee suchten. Überall waren sie am Wirken, „die Malerinnen, die sich im Schweiß ihres ganzen Leibes bemühen, den ewigen Schlag der Wellen auf die Leinwand zu streichen."[22]

Als „die Malerin von Hiddensee" gilt Elisabeth Büchsel. Ihr Werdegang ist ein gutes Beispiel für geglückte, in ihrer Generation noch recht rare Selbständigkeit als „Malweib". Im Gegensatz zu vielen Frauen, die sich im Schoße einer begüterten Familie den Luxus eines künstlerischen Hobbys leisten konnten, beschritt Elisabeth Büchsel ihren Weg als Malerin von Anfang an im Alleingang und allen Widerständen zum Trotz. Recht entschieden verfolgte sie ihre Karriere als professionelle Malerin und gegen den Wunsch des Vaters.
Im Jahre 1867 in Stralsund geboren, verließ das Mädchen das Elternhaus, kaum dass sie volljährig geworden war. Sie ging für kurze Zeit nach Berlin, wo sie Kurse an der Zeichenschule des Vereins Berliner Künstlerinnen belegte. Sie erhielt Privat-

Die Blaue Scheune um 1920

unterricht bei Conrad Fehr und Walter Leistikow, einem Mitbegründer der Berliner Sezession. Ihr Talent sprach sich auch in ihrer Heimatstadt herum: Schon früh konnte sie sich mit Porträts ihren Lebensunterhalt verdienen und galt mit gerade mal fünfundzwanzig Jahren als gefragte Porträtmalerin in der Stralsunder Gesellschaft. Die für ihre Generation obligatorischen Studienreisen nach Italien und nach Paris blieben nicht aus: Einer dieser guten Stralsunder Bürger betätigte sich als Mäzen und finanzierte Elisabeth Büchsel den ersten Italienaufenthalt. Das Jahr 1900 führte sie erstmals an die Seine. Unter dem Einfluss der Reisen ins Land der Impressionisten veränderte sich ihre Malweise: Ihre Bilder aus jener Zeit erinnern immer mehr an die der deutschen Impressionisten, an Max Liebermann oder Wilhelm Uhde.

Eine künstlerische und biografische Nähe lässt sich mehr noch zu Paula Modersohn-Becker ausmachen, die sich gleich zweimal zum selben Zeitpunkt wie Elisabeth Büchsel in Paris aufhielt – über eine Begegnung der beiden Frauen dort ist jedoch nichts bekannt. 1900, als Elisabeth Büchsel zum ersten Mal nach Paris kam, war Paula Becker gerade im Begriff, sich in Otto Modersohn zu verlieben, der auch dort weilte; Elisabeth Büchsel blieb zeitlebens ohne Lebensgefährten. Diese möglicherweise bewusst gewählte Lebensform schützte sie vor jenen Zerreißproben, vor die Paula Modersohn-Becker gestellt war, der Konflikt zwischen Ehe und Beruf, der überdies mit einem Konkurrenzverhältnis der beiden Ehepartner einherging. Gemeinsam ist beiden Frauen, dass ihr Werk mit einem Ort verbunden ist, auf das sich die Thematik ihrer Bilder konzentrierte. Was für Paula Modersohn-Becker Worpswede, das ist für Elisabeth Büchsel Hiddensee.

Denn wozu in die Ferne schweifen? Ihre Wanderjahre hatten, geschult an der malerischen Avantgarde der Zeit, wohl zu einer persönlichen Handschrift in der Ausdrucksform geführt, nicht aber zu einem speziellen Thema, einer inhaltlichen Identität ihrer Bilder. Für eine gebürtige Stralsunderin schien das vor den Stadttoren gelegene Hiddensee nicht gerade eine originelle Entdeckung zu sein. Und dennoch – sieh', das Gute liegt so nah! – fand Elisabeth Büchsel genau dort ihr Thema, jenes, das ihren Bildern das eigene Gepräge geben sollte. Ihre Charakterstudien galten alsbald den Gesichtern der Fischer; sie studierte die Eigenheiten der Bodden- und Strandlandschaft und ihrer Bewohner. Mit ihren Bildern, die vor 1915 entstanden, zahlte sie oft Kost und Logis auf der Insel. Auf das Jahr 1904 gehen Elisabeth Büchsels erste

Elisabeth Büchsel, Selbstbildnis um 1925

Inselbesuche zurück. Als der Vater einige Jahre später starb und ihr ein kleines Vermögen hinterließ, hatte sie sich entschlossen, das Geld in ein Haus in Vitte anzulegen. 1915 zog sie dorthin: „Gegen ein zinsloses Darlehen erhält Elisabeth Büchsel ein zwanzigjähriges Wohnrecht im Haus der Familie Gau in Vitte“ [23], das sich am Süderende 35 befindet.

Als der Hiddenseer Künstlerinnenbund sich 1922 formierte, weilte die Malerin bereits sieben Jahre vor Ort, und die Ankunft von zahlreichen Gleichgesinnten mag eine zwiespältige Rolle für sie gespielt haben: Einerseits erfuhr Elisabeth Büchsel durch deren Gegenwart sicher eine starke neue Inspiration und Bestätigung in Gesprächen – war sie, die ältere, doch die Pionierin unter den Malerinnen auf der Insel gewesen –, andererseits musste sie erleben, dass das Inselreich nicht für sie allein reserviert war – andere malende Frauen stellten schließlich auch berufliche Konkurrenz dar. Über Arbeitsmangel konnte sich die „Altvordere“ allerdings nicht beschweren: Die zahlreich erscheinenden Sommergäste ließen als bleibende Erinnerungen an den Aufenthalt gern Porträts von sich anfertigen. Diese Brotarbeiten sind mitnichten zu verachten: In ihnen spiegelt sich die Entwicklung der Malerin, die Herausbildung ihres eigenen Stils.

Elisabeth Büchsel als „die Malerin von Hiddensee“ zu bezeichnen, birgt vielleicht die Gefahr, sie als Heimatkünstlerin zu unterschätzen. Eine solche Rezeption ihrer Arbeit ist möglicherweise dem Umstand geschuldet, dass die Insel ihres Wirkens für Jahrzehnte in einen toten Winkel der Wahrnehmung geraten war: Während eine Paula Modersohn-Becker wie so viele andere Künstlerinnen entdeckt wurde, deren Lebensläufe mit Künstlerkolonien an verwunschenen Orten und mit Dichterpersönlichkeiten wie einem Rainer Maria Rilke verbunden waren, hatte sich Hiddensee mit seinen so oft einzelgängerischen Bewohnern für lange Zeit dem Bewusstsein entzogen.

Stralsund, Italien, Paris – Hiddensee löste, wie schon bei so vielen zuvor, die Sehnsucht nach Klar- und Einfachheit ein. „Elisabeth Büchsel, so scheint es uns aus heutiger Sicht, war nun endlich am Ziel ihrer Wanderschaft angekommen.“ [24]

Gruss von Tannhausen
a. d Insel Hiddensee b. Rügen
Der „Einsiedler“ und seine Lieblinge.

Wem „Lieb' zum Thier“ im Herzen schlägt,
Auch „Gott und Menschenliebe“ hegt;
Denn im „Geschöpf“ erkennt er mild:
Sich selbst und seines Schöpfers Bild.

A. Ettenberg

Alexander Ettenburg, Postkarte um 1910

Wer, wie schon die malende Zunft, dem Ruf der Natur folgte, war ein echtes Kind der Zeit. Klarheit, Einfachheit, zurück zu den elementaren Lebensbedürfnissen – so schallten die Losungsworte über viele Ländergrenzen hinweg. So wie die bildenden Künstler sich akademischen Vorgaben abwandten, weil sie die nicht mehr ihrer Wirklichkeit entsprechenden Motive – etwa gestelzte Frauen in kulissenhafter Umgebung – als verlogen ansahen, so kam es zu einer breiten Bewegung, die ihr Heil in der Natur und der gesunden Lebensführung suchte: Gemeinschaftlichkeit, Nacktheit, Obst und Gemüse, Leibesübungen, ja, auch die freie Liebe. Es kam allerorten zu verschiedenen Reformbewegungen, die sich diese Lebensregeln auf die Fahnen geschrieben hatten. Wer den Weg „zur Sonne, zum Licht" einschlug, wandelte auf den Spuren der Romantiker, die es in ihrem Streben nach der Einheit des Menschen mit der Natur ins Freie gezogen hatte.
Diese um die Jahrhundertwende erstarkten Tendenzen prägten die Zeit nach 1918: Das Blutbad des Ersten Weltkriegs war der schlagende Beweis dafür, dass die Werte der menschlichen Gemeinschaft einer gründlichen Revision unterzogen werden mussten.

Die internationalen Avantgardebewegungen sind der künstlerische Ausdruck dieser „Umwertung aller Werte".
Die Zentren der Reformer sind berühmt: Auf dem Monte Verità oberhalb von Ascona trafen sich die Glücks- und Wahrheitssucher; Dornach in der Schweiz avancierte mit dem Bau des Goetheanums zum Mittelpunkt der Anthroposophie Rudolf Steiners – der übrigens auch in den Hiddenseer Gästelisten auftaucht. Viele Maximen der Anthroposophen spiegeln sich in der Libertinage, die in der Natur viel selbstverständlicher betrieben werden konnte als in der Stadt. Der Mensch am Meer wird zur Naturbelassenheit geradezu genötigt: Der Wind verweht die Frisur, Sonne und Wasser lassen Lippenstift und Schminke erbarmungslos zerlaufen.

Der Gegensatz zwischen Stadt und Land spielte für die Vertreter dieser Avantgarde eine ganz besondere Rolle. Zwar stellte die große Stadt mit ihren vielen Nischen einen geeigneten Nährboden für die neuen künstlerisch-geistigen Inhalte dar; gerade das Berlin der zwanziger Jahre war eines der Zentren der Libertinage – und insbesondere die Frauen fanden zwischen den beiden Weltkriegen hier Gelegenheit zur Ausübung neuer gesellschaftlicher Rollen, sie traten in den öffentlichen, professionellen Raum ein, den sie nicht wieder verlassen sollten. Doch zum anderen zeigte die große Stadt die Fratze des abscheulichen, den Menschen degenerierenden Molochs, in dem Krankheit und Hektik regierten und wo kein Platz war für die neu ausgerufene Sinnlichkeit des Geistes. Berlin war um die Jahrhundertwende zur „steinernen Stadt", zur Stadt der Mietskasernen geworden. Die emphatische Aufforderung „Mensch, werde wesentlich!" war aus einer tief empfundenen Not geboren. Nur zu verständlich also der unüberhörbare Jubelruf: Zur Sonne, zum Licht! Da avancierten die schönsten Gegenden der Provinz, das Ländliche, und ganz besonders die Gebiete im Gebirge und am Meer, schnell zu Refugien, in denen die neuzeitlichen Ideale flugs in die Tat umgesetzt werden konnten.

Auf Hiddensee trafen sich seit Anfang des zwanzigsten Jahrhunderts die Freunde des nackten Körpers an den Stränden der Insel. Es wurde zu einer schönen Selbstverständlichkeit, sich vollkommen unbekleidet im Sande zu tummeln. Hiddensee wurde zwar nie lautstark zu einem erklärten Hort der großen Reformideen ausgerufen, die Ostseeinsel blieb eher ein Geheimtipp, doch etablierte sich auf Hiddensee rasch eine Szene, die all das propagierte, was mit einem neuen Körpergefühl und einer anarchisch anmutenden Ungeniertheit zu tun hatte, bei der auch die gleichgeschlechtliche Liebe kein Geheimnis blieb: Man machte sich frei.

> *Es gibt auf dieser Insel keine Herrenbäder, Damenbäder, Familienbäder. Nicht einmal Treppen, Stege, Kommissare, Wächter. Dafür aber auch keine Kassen. Nur ein paar arme Holzhütten hier und da. Frauen und Männer wandern halbnackt, den Stock in der Hand, den Strand entlang. Wer will, geht ein paar Minuten weiter, entkleidet sich hinter einem Dornstrauch oder auch da, wo er gerade steht und schenkt der Sonne den nackten Leib ganz.*[25]

Sicherlich, manch braver Bürger, der als Badegast auf der Insel weilte, empörte sich über die vielen Menschen im Adamskostüm, doch solche Proteste waren zwecklos, angesichts der Übermacht freizügiger Badenixen und voyeuristischen Freuden huldigender Männer, die von der Lietzenburg aus mit Feldstechern am Fenster standen und den Ungenierten zusahen:

> *Ich weilte mit meiner Frau im vorigen Monat in Vitte a/Hiddensee. Schon kurz nach unserer Ankunft kam uns zu Gehör, dass eine große*

> *Gesellschaft es sich erdreistet, nackend zu baden. […] Knapp 20 Schritt vom letzten Vitter Strandkorb entfernt, vollzogen sich die wüstesten Gemeinheiten. Zwei Damen gingen vollständig nackt ins Wasser. Kaum bis zu den Knien vom Wasser umspült, drehten sie sich mit ihrer Vorderseite den auf den Dünen sitzenden Damen und Herren zu, um sich so in voller Pracht zu zeigen.*[26]

Dieser aktenkundige Beschwerdebrief vom September 1921 aus der Feder eines Bankbeamten aus Potsdam blieb zwar nicht ohne Folgen, denn man sorgte umgehend für ein Verbot des Nacktbadens. Doch entstanden dadurch erhebliche Unruhen unter den freizügigeren Badegästen. Da es ebenfalls verboten war, sich jenseits des Strandes in Badekleidung zu zeigen, wurde ein zu Kontrollgängen abgestellter Polizist durch die Badegäste zum Narren gehalten, die demonstrativ in Bademänteln durch die Ortschaften liefen und, wenn sie deswegen angehalten wurden, den Mantel öffneten, unter dem sie dann ganz normale Straßenkleidung trugen. Das strenge Durchgreifen hatte dann auch schon bald wieder ein Ende: Zunächst wurde das Nacktbaden zu bestimmten Tageszeiten offiziell zugelassen, und schließlich gab die Obrigkeit ihr Einschreiten gegen die hartnäckigen Nudisten der ersten Stunde ganz auf.

Inselblick mit Lietzenburg um 1920

Ein unbestrittener Pionier, der sich mit dem Gedanken an Zentren der Kunst und der Freikörperkultur trug, war der Schauspieler und Lebenskünstler Alexander Ettenburg. 1888, mit dreißig Jahren, fing er an, sein väterliches Erbe durchzubringen. Er pilgerte nach Hiddensee, wo er verschiedene Gaststätten und Pensionen am Meer eröffnete: Schon einmal war er gescheitert mit einem Hotel auf Rügen, kein Grund sich entmutigen zu lassen, mit dem verbliebenen Geld suchte er sein Glück erneut mit der bescheideneren „Schwedischen Bauernschenke“ in Grieben am Fuße des Leuchtturms. Auch dort bewirtete er Sommergäste und schrieb einen Hiddensee-Reiseführer, den er *Helgoland der Ostsee* nannte, und der sich recht gut verkaufte. Einige Zeit später erbaute Ettenburg für sich ein Häuschen am Dornbusch, umgeben von aus Holz zusammengezimmerten Unterkünften für weitere Gäste, die zur körperlichen Ertüchtigung auch Turngeräte und Duschen für das tägliche Brausebad vorfanden. Unter freiem Himmel wurden von Ettenburg selbst verfasste Laienspiele zu lokalen Themen zur Aufführung gebracht; Tiere liefen frei umher wie in einem Paradiesgarten. Dieses Anwesen, die Bergwald-Kolonie wurde auch „Eremitage auf Tannhausen“ genannt. Ihr Begründer bezeichnete sich selbst als Einsiedler und wirkte wie ein Prophet, gewandete sich mönchisch in wallende

Kutten und ging stets barfuß umher. Den Behörden schienen der komische Heilige und dessen anarchisch anmutendes Treiben auf dem Berg recht bald ein Dorn im Auge zu sein – Grundstücksspekulationen bereiteten der Kolonie im Jahre 1909 ein jähes Ende, das Gelände wurde an einen Finanzkräftigeren veräußert, der versicherte, ein weniger kunterbuntes Hotel dort errichten zu wollen – Ettenburgs Hütten wichen dem heutigen Gasthaus Klausner. Ettenburg startete in Vitte einen neuerlichen gastronomischen Versuch, doch die Gäste blieben aus, ebenso das Geld. Verarmt, zutiefst enttäuscht und unverstanden, zudem bedrängt durch die kriegsbedingt veränderten Umstände, verfiel der Spätromantiker mit der Liebe zu Hiddensee mehr und mehr dem Alkohol und starb vereinsamt im Jahre 1919 – als Einsiedler.

Zwar mutet Ettenburgs Lebenswandel ein wenig abenteuerlich an; zwar scheiterte er mit seiner Idee einer dem Reformgedanken verpflichteten Kolonie – doch mit Fug und Recht darf er als der Erste angesehen werden, der den alternativ geprägten Tourismus auf Hiddensee im großen Stil anzukurbeln versuchte, so wie er sich dann einige wenige Jahre nach Ettenburgs Tod auf der Insel einstellen sollte.

Diese Idee der Kolonie-Gründung setzte nicht sehr viel später der musisch veranlagte Berliner Holz-

großhändlers Oskar Kruse fort: Auch dieser riskierte, Hiddensee im Auge und vielleicht im Herzen, sein gesamtes vom Vater geerbtes Vermögen für sein Künstlerprojekt, die Lietzenburg. Er hatte seinen kaufmännischen Beruf kurz entschlossen an den Nagel gehängt und 1889, als ein Mann von über vierzig Jahren, Malerei zu studieren begonnen.
1904 erstand er wie Ettenburg ein Grundstück oberhalb der Steilküste in Kloster und lobte einen Architekturwettbewerb für ein großes Wohnhaus aus. Die Wahl fiel auf den Entwurf zweier Architekten: Otto Wilhelm Spalding und Alfred Grenander. Grenander, ein Schwede, hatte sich jüngst durch zahlreiche Bauten für die brandneue Berliner Hoch- und Untergrund-Bahn einen Namen gemacht und der Stadt seinen Stempel aufgedrückt. So entstand für Oskar Kruse während der Jahre 1904/1905 ein riesengroßes, verwinkeltes Haus aus rotem Backstein und mit mehreren Türmchen und Veranden, dem Jugendstil ebenso verpflichtet wie dem englischen Landhaus eines Hermann Muthesius.
Schornsteine, Veranden, Treppchen, Erker, verschiedene Fensterformate – die Lietzenburg ist kurios verspielt und beeindruckend zugleich. Das Haus „besaß einen gewissen Ruhm, war ebenso backsteinrot wie die Bauten Stralsunds und war gekrönt von einem kleinen Türmchen", beschrieb

Kruse selbst sein Domizil.[27] Inmitten eines kleinen Kiefernwäldchens gelegen, mutete es mitunter unheimlich an, ein wenig wie ein Spukschloß. Die Räume waren riesig und hoch, der Wind pfiff durch einen Kamin in der Halle. Diese war

> *ausgemalt, alle Wände ringsum und die Decke, da schwebten rosafarbene Mädchen und ihre aufgelösten Haare wellten dahin. Sie segelten irgendwie durch grüne Pflanzen, die auch wogten und sich bogen und sich neigten.*[28]

Ganz im Stil des maritimen Standorts waren auch die Türen mit den honigfarbenen Bernsteinen besetzt, die man zuhauf an den Stränden findet.

Der Verfasser der *Unerschrockenen Insel* beschrieb Kruse und sein Haus folgendermaßen:

> *Aller Grund ringsum ist sein. Aber kein Zaun sperrt ab, keine Tafel verbietet. Weißbärtig, blauäugig hat er das Gesicht eines Fischers angenommen. Unerkannt sitzt er auf einer Bank inmitten der tausend Ausflügler, die Sonntags seinen Grund mit Lärm, Bierflaschen, Papierresten erfüllen. Ohne Einspruch sitzt er, gütig auch das Böse gewährend wie Gott selbst.*[29]

Die mächtige Lietzenburg war von Oskar Kruse ursprünglich gedacht als strahlender und repräsentativer Mittelpunkt einer ganzen Künstlerkolonie. Überall auf dem vierzigtausend Quadratmeter großen Grundstück wollte der Gründervater gleich Ettenburg kleine Hüttchen errichten lassen, die als Unterkünfte für die zahlreich erwarteten kreativen Gäste gedacht waren. Die Anlage war noch nicht ganz fertiggestellt, da ging Oskar Kruse allerdings das Geld aus. Er hatte sich böse verkalkuliert, viel zu groß geplant, und um die entstandenen Schulden decken zu können, mussten noch mehrere Mitglieder des Kruse-Clans Geld in das ambitionierte Projekt hineinstecken. Die Künstler, die so zahlreich erwartet worden waren, blieben aus – waren viele Bohèmiens doch ganz arme Schlucker, die die bescheidensten und preiswertesten Unterkünfte bewohnten, oder eiserne Individualisten, die statt des von den Reformern gepriesenen Gemeinschaftserlebnisses ganz einfach die Stille und Einsamkeit suchten. Derlei Abneigung gegen allzu viel Geselligkeit mag gemeinhin der Grund dafür sein, warum so viele Künstlerkolonien sehr kurzlebig sind oder im Keim scheitern – nicht nur auf Hiddensee: Alternative Ansiedlungen waren geboren aus der Opposition zum Konventionellen – welches sich im Kollektiv sehr schnell wieder einstellen kann; und ist es nicht das, so sind es Machtkämpfe wie zwischen den Worpsweder Malern Modersohn und Mackensen oder das finanzielle Chaos auf dem Monte Verità, das den Niedergang beschleunigte.

So scheiterte nach Ettenburg auch Kruse – was nicht heißt, dass keiner hinauf zur Lietzenburg fand. Allergrößte Attraktion dort oben schien das „Zeissglas" gewesen zu sein:

> *Unter dem roten Bogen seines Schlosses hat Oskar Kruse, der König, ein langes Fernrohr aufgestellt. [...] Gesegnet die Männer, die es schliffen! Ich sehe viel, weit ist die Insel, weit ist das Meer, und nicht zu sättigen meine Augen.*[30]

Was der Mann am Fernrohr wohl gesehen haben mag? Von Gerhart Hauptmann weiß man, dass die vielen zwanglosen Badenixen, deren er vom Dornbusch aus ansichtig wurde, nicht unwesentlich zum Gelingen seiner Zeilen beigetragen haben.

Da Geld vonnöten war, hatte man die Lietzenburg zwischen 1917 und 1920 an Gerhart Hauptmann vermietet. Der Dramatiker hatte ein Auge auf das stattliche Haus geworfen, von dem er wohl meinte, dass es seinen Ansprüchen an Lage und Größe genüge. Doch kaufen konnte er es nicht. Ironie des Schicksals: Oskar Kruse verstarb 1919, in einem viel bescheideneren Haus auf der Insel, in das er ausgewichen war. Mitte der zwanziger Jahre musste die Lietzenburg mangels Geld und auf Grund schlechter Organisation in ein herkömmliches Hotel umgewandelt werden. Sie wurde zum Sommerdomizil der großen Familie des Bruders von Oskar Kruse, Max, und seiner Frau Käthe Kruse. Ihr Weg in die Selbständigkeit ist verbunden mit dem reformerischen Geist der Lietzenburg-Idee.

Der kann der heutige Inselgast nachspüren, wenn er in einer der Wohnungen im instandgesetzten Kruse-Haus Urlaub macht.

Das Puppenheim der Käthe Kruse

Anfang der zwanziger Jahre des letzten Jahrhunderts herrschte Käthe Kruse bereits über ein Imperium, mit dem sie die ganze Familie ernähren konnte: Ihre Puppenwerkstatt im thüringischen Bad Kösen an der Saale florierte, Bestellungen für ihre wegen des lebensechten Gesichtsausdrucks berühmten Puppen kamen auch von Übersee. Später bemerkte Käthe Kruse stolz, selbst Shirley Temple habe als Kinderstar mit ihren Geschöpfen gespielt. Angefangen hatte die Puppenproduktion ganz bescheiden 1905 in Berlin, wo Käthe Kruse im Bildhaueratelier ihres Mannes mit Handtüchern, Sand als Füllstoff, mit Nadel und Faden experimentierte. Als fünf Jahre später ihre Puppen im Kaufhaus Tietz ausgestellt wurden, wurde aus dem Hobby schnell ein Gewerbe.

Als uneheliches Kind einer Näherin 1883 in Breslau zur Welt gekommen, konnte die junge Frau ihren Wunsch durchsetzen, an einer Schauspielschule zu studieren, und bald trat sie in ihrer Heimatstadt mit einigem Erfolg auf. Max Kruse, Maler und Professor an der Kunstakademie und Bruder von Oskar Kruse, war nur einer von zahlreichen Verehrern, die ihr zu Füßen lagen. Der Mann war fast dreißig Jahre älter –

für die vaterlos Aufgewachsene womöglich erst recht ein Grund, sich an ihn zu halten. Als 1902 das erste von sieben Kindern geboren wurde, war von einer Heirat keine Rede: Max Kruse und seine junge Frau gaben sich in diesem Punkt freidenkend und antibürgerlich, und erst viel später, aus Rücksicht auf die ‚Ehre der Kinder' schritten sie vor den Traualtar. Als sich ein zweites Kind ankündigte, wollten sie dem ungesunden Großstadtklima entfliehen – und die Wahl fiel auf das modisch gewordene Ascona am Lago Maggiore.

Damit freilich war der Bühnenkarriere Käthe Kruses ein Ende gesetzt. Weitere Kinder kamen zur Welt, Töchter, die mit Puppen spielen wollten. Das gab den Anstoß für die neue Laufbahn: Die handelsüblichen Puppengeschöpfe missfielen der jungen Mutter – mit ihren Porzellanköpfen wirkten sie kalt und abweisend – und in vielen Familien spielten sich Dramen ab, weil mal wieder einer der Puppenköpfe in die Brüche gegangen war. Ungezählte Mädchen spielten mit einer kopflosen Puppe, weil die Anschaffung einer neuen, nicht weniger zerbrechlichen Puppe sich ja doch nicht gelohnt hätte. Käthe Kruse experimentierte also mit anschmiegsameren, langlebigeren Materialien. Tag und Nacht war sie bald beschäftigt – sehr zum Missbehagen von Max, der sich von seiner

Max Kruse (links) mit Pensionsgästen vor der Lietzenburg.

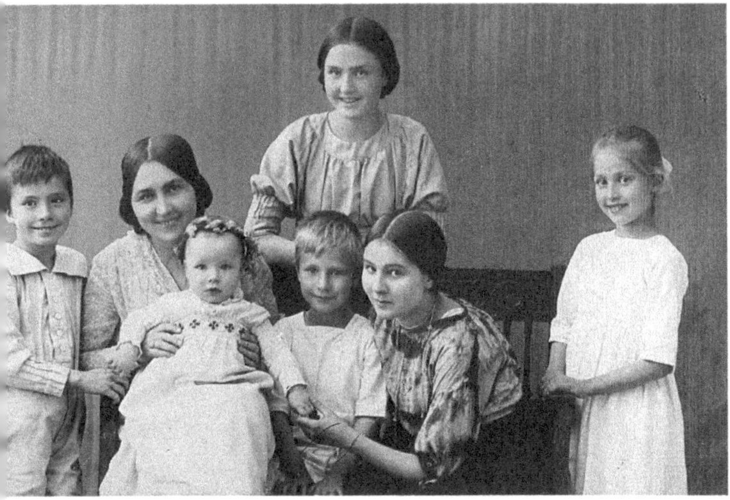

Käthe Kruse mit ihren Kindern, ca. 1911

vielbeschäftigten Gattin vernachlässigt fühlte. Also wurde die Fabrik in Kösen gegründet, die Puppenherstellung wurde professionell, die Handarbeit fortan von Angestellten bewältigt.

Erneut auf der Suche nach Erholung von den Anstrengungen in Berlin, wo sie mittlerweile wohnten, machte sich die Familie Kruse 1910 erstmals nach Hiddensee auf. Durch die Geldgaben, welche die Pleite Oskar Kruses auffangen sollten, hatte sich sein Bruder wohl auch das Recht erkauft, samt Familie immer dann in der Lietzenburg zu wohnen, wenn es sie ans Meer zog. Für Käthe Kruse war Hiddensee sogleich „der Inbegriff des Schönen“.[31]

In die Jahre, in denen die Kruses die Sommer auf der Lietzenburg verbrachten, fiel ein recht spektakulärer Triumph für die junge Geschäftsfrau: Längst hatten ihre Puppen den Siegeszug um die ganze Welt angetreten, und natürlich wurden diese von anderen Spielwarenherstellern bald kopiert und für teures Geld verkauft. Käthe Kruse klagte daraufhin auf Urheberschutz und bekam nicht nur Recht, sondern das exklusive Herstellungspatent auf ihr Produkt.

Das Durchsetzungsvermögen besaß Käthe Kruse auch innerhalb ihrer Familie. Die Kinder lebten im

„Goldglanz" ihrer Mutter und der autoritären, aber gütigen Aura, die sie umgab:

> *„Meine Mutter regierte ihr Familien-Empire wohl so ähnlich wie die Königin Victoria. Es führte kein Weg an ihr vorbei. Sie ebnete alle Wege – aber sie verschloß sie auch wieder."* [32]

Käthe Kruse war das unumstrittene Oberhaupt eines Matriarchats. Mit dem so viel älteren Ehemann war in den letzten Jahren seines Lebens nicht mehr zu rechnen; und nach dem Tod von Max Kruse im Jahre 1933 sah die Witwe sich gezwungen, sich mit den neuen Machthabern zu arrangieren. Max Kruse junior beschreibt die Sommer seiner Kindheit in der Lietzenburg zwar als „behütete Welt" – zwischen den Zeilen jedoch spürt man, dass das schönste Idyll ein trügerisches wird, wenn drum herum das Grauen sich ausbreitet. Die Villa, die wegen der hohen Unterhaltskosten mit den dreißiger Jahren in eine Pension umgewandelt worden war, beherbergte nach 1933 nur mehr prominente Gäste, die mehr schlecht als recht mit der neuen Zeit zurechtkamen.

Das Puppenheim oberhalb von Kloster ist weithin sichtbar, schon wenn das Schiff sich Hiddensee nähert. Ehrfurchtgebietend ragt sein Zinnengiebel aus dem Dornbuschwald auf. Heute wirkt das für eine naturliebende Künstlergeneration errichtete Haus wie ein Symbol für eine untergegangene Zeit. Ein ganz bestimmtes Lebensgefühl, das bei fast allen Hiddensee-Pilgern im Hafen von Stralsund aufkommt, scheint allerdings zeitlos zu sein: Max Kruse junior, den Lesern des Kinderbuches *Urmel aus dem Eis* ein fester Begriff, spricht gewiss die sehnsüchtige Ungeduld vieler an, wenn er sagt:

> *Kam ich am Stralsunder Bahnhof an, lief ich, ohne die rote Backsteingotik der alten Hansestadt zu beachten, gleich zur Anlegestelle und stieg auf das Schiff. Glücklich sog ich den Geruch von Tang und Salzwasser in mich ein. Das Licht blendete, das Wasser schmatzte am Schiffskörper – die Welt hatte ihr Gesicht verändert. Alles fiel von mir ab, nichts bedrückte, nichts bedrängte mich mehr. Ich wartete auf die Abfahrt.*[33]

Max Taut

Die Insel der Architekten

Das Bild der Orte auf Hiddensee wird bestimmt durch die typischen, zumeist rohrgedeckten Fischerhäuser, die Sträßchen und Wege säumen. Doch Architektur auf Hiddensee, das ist eine Geschichte für sich. Als der Besucherstrom mit dem beginnenden zwanzigsten Jahrhundert rapide zunahm, parallel zum Aufkommen der Strandbäder-Mode, entstanden zum Leidwesen der Alteingesessenen höhere und mondänere Bauten: etwa der neue von einer Kuppel gekrönte Anbau des Ostsee-Hotels in Vitte, auch hier war schon Gerhart Hauptmann als zahlender Gast abgestiegen. Vor allem in Kloster entstanden mehrere größere Ferienunterkünfte, prächtige Fachwerkbauten, Hotels, mit denen auf die zunehmende Beliebtheit der Ostseeinsel reagiert wurde. Als Oskar Kruse den Architekten Alfred Grenander mit der Lietzenburg betraute, hielt eine Klasse von Architektur auf der Insel Einzug, die Schritt hielt mit den europäischen Entwicklungen an der vordersten Front der Baukunst.

Hermann Muthesius, dessen Villen im englischen Landhausstil dem Lietzenburg-Architekten Grenander als Vorbild für seinen Entwurf gedient hatten, hatte sich selbst auf Hiddensee ein Heim bereitet. Kein neu errichtetes Haus, sondern ein Fischerhaus am Süderende in Vitte, 1912 erworben, das er für seine Zwecke und seine kinderreiche Familie umgestaltete. Gemeinsam mit seiner Frau, einer geborenen Anna Trippenbach ungarischer Abstammung, pflegte Muthesius ein offenes Haus. Ähnlich dem Karusel Asta Nielsens oder Gerhart Hauptmanns Haus Seedorn entwickelte es sich rasch zu einem beliebten Treffpunkt von Künstlern und Intellektuellen. Anna Muthesius war Musikerin und Sängerin und erfreute die Gäste zuweilen mit ihren Hauskonzerten. Und Hermann Muthesius, der sieben Jahre lang Referent für Architektur bei der Deutschen Gesandtschaft in London gewesen war, bewegte sich sicher auf gesellschaftlichem Parkett. Aus Großbritannien hatte Hermann Muthesius auch seine Vorbilder mitgebracht, wenn es ums Bauen ging. Es war ihm um Häuser für einen großzügigen Lebensstil zu tun, und so waren die Auftraggeber, die in seinem Berliner Büro anfragten, in der Regel Großbürger, reiche Berliner Kaufleute; die Grundstücke, auf denen Muthesius tätig wurde, befanden sich im vornehmen Berliner Südwesten, am Nikolassee, in Zehlendorf, wo auch Muthesius sein eigenes Berliner Haus errichtete.

Das Interesse des Architekten Muthesius an Landhäusern entsprach – freilich im großen Stil – den Tendenzen der Zeit. Auf die Stadtflucht-Bewegung in den zehner und zwanziger Jahren reagierten viele Architekten; der Gartenstadt-Gedanke ging daraus hervor. Man konzipierte – etwa in Staaken vor den Toren Berlins oder in Dresden-Hellerau – Siedlungen für das Wohnen im Grünen für Arbeiter und Angestellte, denen so die Möglichkeit gegeben werden sollte, der grauen Stadt wenigstens nach des Tages Arbeit den Rücken kehren zu können. Für Muthesius mag ein besonderer Reiz darin gelegen haben, die relativ bescheidenen Inselhäuser – außer dem eigenen noch ein weiteres in Vitte – den gehobenen Ansprüchen eines ‚Landlords' anzupassen.

Ein Architekt der jüngeren Generation, der sich mit seinen genialen Entwürfen in die Geschichte der Insel eingeschrieben hat, ist Max Taut. Er war es, der für das Dach über dem Kopf so einiger Wahl-Hiddenseer verantwortlich zeichnete. Das berühmte blaue Karusel von Asta Nielsen ist nur die erste aus einer Reihe von Privatvillen, die Max Taut Anfang der zwanziger Jahre auf Hiddensee errichtete. [34] Ein zweites Haus folgte im Jahr darauf, 1923, auf dem Nachbargrundstück am Seglerhafen: Es ist gestreift, in Weiß, Kirschrot und einem satten, sonnigen Gelb

Das Taut'sche Hausensemble am Norderende 1931

gestrichen, sein Dach wirkt irgendwie schief aufgesetzt – anscheinend will es jeden Moment abheben und davonfliegen. Auch das Haus Weidermann – benannt nach dem Bauherrn, einem kaufmännischen Direktor – ist „kein nachgeahmtes Bauernhaus, auch keine Miniaturvilla, sondern die natürliche Erfüllung der Ansprüche: Küche, Wohnraum, Schlafkabinen. Der Landschaft angepaßt, mit den ortsüblichen Mitteln ehrlich gebaut.“ [35] In anthroposophischer Anmutung hat der Architekt auf rechte Winkel und starre Form zugunsten eines organischen Eindrucks verzichtet.

1924 entstand für den Berliner Innenarchitekten Walter Pingel – der schon zuvor bei Bauprojekten Max Tauts sein Geschäftspartner und Lieferant für Innenausstattungen gewesen war – ein reetgedecktes Haus am Biologenweg in Kloster. 1925 dann folgte gleich in der Nachbarschaft das Haus für den Leipziger Verlagsdirektor Dr. Max Gehlen. Das im Grundriss quadratische Haus aus rotem Backstein und mit weiß gerahmten Fensterbändern steht, an einen sanften Abhang gelehnt, gleich hinter dem Gerhart-Hauptmann-Haus. Gleich zwinkernden Augen schauen die beiden Gauben des Hauses aus seinem über den Fensterschlitzen angehobenen Ziegeldach. Seit 1930 gehört das

Häuschen zum Gebäude-Ensemble der Biologischen Forschungsstation von Hiddensee. Als sogenanntes ‚Doktorandenhäuschen' dient es bis zum heutigen Tag der Unterbringung von Studenten der Biologie der Universität Greifswald.

Von den vier Taut-Sommerhäusern ist nur der Originalzustand des Hauses Pingel kaum mehr wiederzuerkennen. An allen anderen Häusern läßt sich bestens die Handschrift des Architekten studieren, der damals zu den avanciertesten und visionärsten Vertretern seiner Zunft gehörte. Ziel war das zweckmäßige Wohnen, Häuser ohne überflüssigen Protz und Pomp mit lichten und funktionalen Räumen für den modernen Menschen.
Max Taut unterhielt während der zwanziger Jahre zusammen mit seinem Bruder Bruno ein Büro in der Potsdamer Straße. Die Brüder stellten ihre Arbeit konsequent in den Dienst des sozialen Fortschritts: Als Architekten der noch recht jungen Gewerkschaften machten sie sich früh einen Namen. Dabei pflegten sie während ihrer Büro-Partnerschaft eine gewisse Arbeitsteilung. Während der ältere der beiden Brüder, Bruno Taut, in Berlin avancierte Wohnsiedlungen entwarf – darunter die berühmte Hufeisensiedlung in Britz –, spezialisierte sich der vier Jahre jüngere Bruder Max auf freistehende Häuser,

auf Verwaltungsbauten – etwa das Verbandshaus der deutschen Buchdrucker in Berlin –, aber auch auf Privatvillen. Aus der Zeit nach dem Ersten Weltkrieg stammen einige utopische Skizzen aus der Feder Max Tauts, gewagte Konstruktionen, wie sie gern auch andere zeitgenössische Architekten zu Papier brachten. Unter anderem dachte Taut an ein sich drehendes Haus, das in den Dünen der Kurischen Nehrung gebaut werden sollte. Die Obergeschosse dieses drehbaren Hauses sollten durch einen Motor beweglich sein und je nach Lichteinfall nach den Wünschen der Bewohner verstellt werden können; gekrönt werden sollte das Haus von einer Kuppel aus buntem Glas, die die Küstenlandschaft mit ihren Lichtreflexen in ein buntes, sakral anmutendes Farbenspiel tauchen sollte. Zur Durchführung dieses kühnen Entwurfes kam es nie. Als Taut seine Bautätigkeit an der Ostseeküste aufnahm, war er bereits in eine andere, eine sachlichere Phase seines Schaffens eingetreten:

> *Bei den Strandvillen, die zwischen 1921 und 1925 in Hiddensee für verschiedene Private entstanden sind, hat der Architekt sich jede Exzentrik versagt. Die tiefgehenden Dächer schmiegen sich der Ebene an. Das Gefühl für die Landschaft führt hier die Hand.*[36]

Dieses besondere Gespür für den besonderen Ort mag Max Taut 1925 möglicherweise den Auftrag eingebracht haben, den Bebauungsplan für Kloster zu erstellen: „Die Wegeführung und der weitere Ausbau der Villensiedlung am Dornbuschhang in Kloster gehen auf ihn zurück." [37] Nachforschungen danach erweisen sich als schwierig; sollte es diese Pläne tatsächlich gegeben haben – und die in einem schönen Halbrund angelegte Wegeführung in Kloster spricht eigentlich dafür –, so sind sie wohl kaum mehr erhalten. Das Berliner Büro der Gebrüder Taut fiel im Zweiten Weltkrieg einem Bombenangriff zum Opfer, ein Großteil der Akten wurde ein Raub der Flammen. Gewiss ist nur, dass Max Taut im Hotel Dornbusch in Kloster unterkam, dem Ort der möglichen Planungen, so verzeichnet in den Gästelisten der Herberge.

Die vier auf Hiddensee errichteten Villen markieren einen Punkt im Werk Max Tauts zwischen expressiver und sachlicher Formensprache. Ganz gewiss: Von seinen Häusern spricht Asta Nielsen, wenn sie die „übermodernen Architektureinfälle" [38], die sich auf der Insel mit den Fischerhäuschen abwechseln, in ihrer Autobiografie erwähnt. Und als sie das blaue Haus auf den Namen „Karusel" tauft, stellt sie wahrscheinlich ohne besseres Wissen eine gedankliche, spielerische Verbindung zu jener frühen visionären Idee her, die Max Taut zu seinem drehbaren Haus verführte – denn auch ein Karussell dreht sich schließlich um die eigene Achse.

Vertreibung aus dem Paradies

Dass die Künstler aus den Kreisen der internationalen Avantgarde sich gegenseitig die schönsten Orte der Erde empfahlen, verstand sich von selbst.

Schon Gerhart Hauptmann hatte es vorgemacht, als er einen diskreten Ort für das Zusammensein mit seiner Geliebten und späteren zweiten Gattin, Margarete Marschalk, suchte: Das Idyll von Hiddensee bot sich auch für heimliche Affären an. Die jugendliche Gattin des angesehenen Berliner Rechtsanwaltes Alfred Apfel, Alice Apfel, nutzte die Freiheit der Insel und ihre guten freundschaftlichen Beziehungen dort, um ihre verschiedenen Liebesaffären diskret zu unterhalten. Der Regisseur Billy Wilder – spätestens mit seinem Film *Eins, zwei, drei* wurde er nach dem Krieg weltberühmt – erinnert sich, wie er ihr bei ihrem kurzfristigen Verhältnis mit dem Komponisten Franz Wachsmann behilflich sein konnte. Kam der Gatte und Rechtsanwalt einmal ganz überraschend auf Hiddensee an, dann

> *nahm sie in der Pension mein Zimmer, und ich tat so, als hätte ich die ganze Zeit mit Wachsmann das Zimmer geteilt. Frei nach*

Brechts ‚Dreigroschenoper' sangen wir von der ‚minderjährigen Witwe, deren Namen jedem kund', sie ‚aß Kompott und ward geschändet, eh das Flugzeug in Stralsund.'[39]

Bei Alice Apfel handelte es sich übrigens auch um jene Geliebte, mit der sich der französische Dichter Paul Éluard eine ganze Weile über die Trennung von Gala hinwegtröstete, der Liebe seines Lebens, die zusammen mit Salvador Dalí in dessen Heimatland Spanien, an die Costa Brava, durchgebrannt war. Éluards Freund, der surrealistische Dichter René Crevel, hatte für ihn den Kontakt zu Pamela Wedekind und Dorothea Sternheim, genannt „Mopsa", der Tochter des Dramatikers Carl Sternheim, hergestellt. Vermutlich so geriet der Pariser Dichter am Ende der zwanziger Jahre in den engen Kreis der Berliner Künstler und Intellektuellen. Mit Alice Apfel, die für Éluard ihre Ehe aufs Spiel setzte, reiste er 1929 nach Straßburg, wo sie eine gemeinsame Liebeswoche in einem Hotel verbrachten – an deren Ende Éluard wieder zur großen Leidenschaft seines Lebens, zu Gala, flieht, zumindest in Worten. An sie schrieb er:

Die Schwierigkeit besteht darin, daß das Äpfelchen mich liebt, von der Scheidung träumt, davon, in Frankreich zu bleiben und auf den

Strich zu gehen, wenn es denn sein muß [...].
Und bei der Liebe weint sie immer.[40]

Nach Frankreich ging es für die Apfels dann erst später, unter anderen Umständen und ganz unfreiwillig: Der Rechtsanwalt Alfred Apfel wurde als ein Jude und Kommunist in hohen Verbandsfunktionen zur Emigration gezwungen, seine Frau Alice wurde im Jahre 1937 aus ihrem Heimatland ausgebürgert. Der Schriftsteller Joseph Roth schrieb in einem seiner berühmten Feuilletons bereits im Juli 1924:

> *Das Meer aber ist ewig, rein und unberührt von dem kindischen und grausamen Spiel der Menschen. Man sieht in die weite Unendlichkeit aus Himmel und Wasser und vergißt. Der Wind, der die Hakenkreuzfahne bläht, weiß nichts von ihr. Die Welle, in der sie sich spiegelt, kann nichts dafür, daß sie entweiht wird. So töricht sind die Menschen, daß sie selbst im Anblick dieser Ewigkeiten nicht erschauern.*[41]

Asta Nielsen hielt es noch knappe drei Jahre aus in Hitlers „Drittem Reich". Selbst auf dem abgelegenen Eiland Hiddensee ließ sich dann aber nicht länger ignorieren, was sich in den Städten längst als ein Horrorszenario darstellte. Selbst Hiddensee, das so immun schien gegen alles Bösartige, wurde von der neuen Zeit eingenommen:

> *Die dunkelhaarigen, intellektuellen Künstlertypen wurden von kräftigen, blonden Männern und breithüftigen Frauen mit Gretchenfrisur abgelöst. Die stampften großspurig und laut über Felder und Wege und lachten schallend und herausfordernd … Kleine Jungen in braunen Hemden marschierten gruppenweise über die Insel, erhitzt und überanstrengt vom strammen Trampeln in der Sonnenglut.*[42]

Während auf dem benachbarten Rügen nördlich von Binz das gigantische „Kraft durch Freude"-Ferienlager Prora aus dem Boden gestampft wurde, hatte man schließlich auch Hiddensee gleichgeschaltet, merkwürdige Dinge geschahen:

> *Flugzeuge rasten dröhnend über die Dächer, Geleise wurden über die Insel gelegt, und Lokomotiven donnerten darüber. Schiffe kamen, beladen mit eisernen Fässern. Was enthielten sie? Und wo blieben sie? […] Die neue Zeit hatte von der Insel Besitz ergriffen. Ich hatte dort nichts mehr zu suchen.*[43]

Noch ein paar Mal trat Asta Nielsen im Theater auf. Schließlich, im Jahre 1936, als in Berlin mit den Olympischen Spielen bombastisch die Internationalität und Aufgeschlossenheit des Dritten Reiches demonstriert wurde, ging Asta Nielsen wieder in ihre dänische Heimat, nach Kopenhagen, zurück – sehr zum Leidwesen von Propagandaminister Joseph Goebbels. Der nämlich hätte die „Königin des Stummfilms" am liebsten im Reich behalten und sie als waschechten ‚nordischen Menschen' zu einem großen Star der UFA aufgebaut. Doch da hatte er bei Asta Nielsen weit weniger Glück als bei einer anderen Skandinavierin, Zarah Leander, auf die sein Augenmerk ebenfalls gefallen war. Man schickte eigens einen General nach Kopenhagen, der Asta Nielsen versicherte, dass sie – trotz einiger kritischer Äußerungen, die sie bereits getan hatte – gefahrlos wieder nach Deutschland zurückkehren könne, da gegen sie nichts wesentlich Nachteiliges vorliege. Die Diva aber konterte ihm bloß knapp mit der ironischen Frage „Aber wissen Sie denn gar nicht, wie viel gegen Deutschland vorliegt, Herr General?" [44]

Asta Nielsen lebte bis zu ihrem Tod 1972 in Kopenhagen. Ihre Sehnsucht nach der Insel Hiddensee sollte indessen nie vergehen. In ihren Lebenserinnerungen schrieb sie: „Möwen werden sehr alt,

Alexander Kanoldt, Hiddensee III, 1927, Lithografie

habe ich gelesen, oft älter als dreißig Jahre. Ob die Möwen in Vitte manchmal an mich denken?"[45] Ihr „rundes Paradies" hat Asta Nielsen dennoch niemals wiedergesehen, ebenso wenig wie ihren Freund Joachim Ringelnatz, der nach der Machtergreifung unverzüglich Auftrittsverbot bekam. Der sensible Künstler mit dem genialisch-losen Mundwerk starb 1934 in Berlin. Künstlerische Avantgarde und überzeugte Individualisten hatten im Dritten Reich längst nichts mehr zu suchen. Es begann die Vertreibung aus dem Paradies – die Bohème kam nicht mehr nach Hiddensee.

1933 wurde mit einem Male auch sichtbar, wie dicht beieinander progressive und reaktionäre Tendenzen in den Reform- und Jugendbewegungen der Jahrhundertwende lagen – pathetische Naturbegeisterung und Gemeinschaftsgedanke ließen sich von den Nationalsozialisten spielend auf das Ideal des vorbildlichen, kraftstrotzenden germanischen Menschen ummünzen. ‚Kraft durch Freude' wurde zum ideologischen Schlachtruf der neuen selbsternannten Übermenschen. Die unterschiedlich gefärbten Bünde der Wandervogelbewegung etwa, deren Gründung schon auf das Jahr 1901 zurückgeht, wurden 1933 mit einem Rundumschlag in die Hitlerjugend überführt. Der gesunde Geist in einem gesunden Körper musste fortan einem „Arier" gehören. Jene Kräfte, die innerhalb der Reformbewegungen den Akzent auf den Begriff der Heimat und auf traditionelle, auf „völkische" Aspekte gesetzt hatten, erfuhren nun Bestätigung. Schon immer hatte es unter den Fortschrittlichen etwa auch jene Frauen gegeben, die das Tragen von Reformkleidern als bewußte Abkehr von der französischen Mode angesehen hatten – also als nationalen Akt.

Man denke auch an den entflammenden Streit der Architekten um die Form der Dächer – Flachdach oder Giebeldach? Natürlich wurde nun das traditionelle Giebeldach als Krönung des deutschen Heimes favorisiert. Schon 1928 hatten sich Vertreter der Zunft zur Vereinigung „Der Block" zusammengeschlossen, in Opposition zu den im ‚Ring' vereinten Architekten, zu denen auch die Brüder Taut gehörten. Durchaus anerkannte und in ihren Grundzügen der Moderne verbundene Architekten etwa, wie der Architekt der Gartenstadt Staaken, Paul Schmitthenner, stellten ihre Arbeit in den Dienst der neuen Machthaber; manche von ihnen übernahmen die Büros ihrer enteigneten und zum Gang ins Exil gezwungenen Kollegen. In der Berliner Akademie der Wissenschaften nahmen Parteigänger die Plätze ihrer vertriebenen Kollegen ein. Und Max Taut, der prominenteste Erbauer von Wohnhäusern auf Hiddensee, verharrte zwar in Deutschland, wurde aber als führender Architekt von Gewerkschaftsbauten wie dem Verbandshaus der deutschen Buchdrucker als Sozialist gebrandmarkt und durfte keine öffentlichen Aufträge mehr annehmen – ganz abgesehen davon, dass er sich mit den neuen Machthabern keinesfalls arrangieren wollte. Er zog sich weitgehend aufs Land zurück, nach Chorin, auf halbem Weg von Berlin nach Hiddensee gelegen, und woher seine Frau stammte. Einige wenige Aufträge kamen von privaten Interessenten; Max Taut entwarf – wider Willen? – wieder Villen. 1945 sollte er zu den Mitbegründern der neuen Hochschule der bildenden Künste im zerstörten Berlin gehören.

Der Maler Alexander Kanoldt hatte während seines Studienaufenthaltes auf Hiddensee Ende der zwanziger Jahre eine Reihe von Lithographien geschaffen, mit Frauenfiguren, die der Neuen Sachlichkeit, aber auch noch dem Jugendstil verpflichtet sind: ornamental sitzt eine Nackte vor dem Strand, im Hintergrund unverkennbar die Hucke, jener charakteristische Vorsprung am Steilufer vor Kloster. Der Mitbegründer der progressiven, sezessionistischen Neuen Künstlervereinigung München trat bereits

1932 der NSDAP bei und wurde 1933 zum Direktor der Staatlichen Kunstschule in Berlin ernannt – das wiederum, obwohl Werke des Malers bereits mit dem Stempel ‚entartet' versehen worden waren. Zunehmend legten die Nationalsozialisten ihm Steine in den Weg, ihm, der doch im guten Glauben an das Neue bereit war, seine Kunst in ihren Dienst zu stellen. Am Beispiel Alexander Kanoldts lässt sich nur mehr erahnen, welche Irrwege der ‚neue Geist' in jenen Jahren noch einschlagen konnte.

Nach 1933 musste auch Henni Lehmann ihr Anwesen auf Hiddensee bald verlassen. Die Malerin Elisabeth Niemeier, ebenfalls Mitglied des Künstlerinnenbundes und die nach der Scheidung von ihrem Mann schon länger dort gewohnt hatte, erwarb die Blaue Scheune, vielleicht, um sie vor dem Zugriff kunstfremder Menschen zu retten. Die einstigen jüdischen Besitzerinnen erhielten Berufsverbot. Henni Lehmann, die unter der Nazi-Bedrohung zurückgezogen und gedemütigt in Berlin lebte und an Krebs erkrankte, beging 1937, fünfundsiebzigjährig, Selbstmord.
Elisabeth Büchsel, die keine jüdischen Vorfahren hatte, blieb zwar unbehelligt, doch freilich bedeutete auch für sie das Jahr 1933 eine einschneidende Veränderung. Sie, die sich an den Bildern von

Sommerhaus Lehmann und Blaue Scheune in Vitte,
Zeichnung Henni Lehmann ca. 1930

Meistern der Moderne orientiert hatte, die nun mit dem Etikett „entartet“ verschachert wurden, musste dem Urgeist doch mit Grausen entgegensehen. Sie, die zusehen musste, wie ihre jüdischen Kolleginnen nach und nach von der Bildfläche verschwanden! Elisabeth Büchsel lebte in den folgenden Jahren ihr inneres Exil auf Hiddensee. Bis auf eine einzige Ausstellung im Stralsunder Museum, die 1937, anlässlich ihres siebzigsten Geburtstages stattfand, war es still um sie.

Wie so vielen jener Frauen, die ganz alleine den Aufbruch wagten, wurde auch der Malerin Elisabeth Büchsel ein recht hohes Alter beschieden: Sie starb mit einundneunzig und durfte noch erleben, wie man nach den kargen Jahren auch der Nachkriegszeit begann, ihre Werke wieder zu entdecken. Doch der Exodus, der mit dem Jahr 1933 begonnen hatte, besiegelte für so viele hoffnungsvolle Künstlerkarrieren das vorzeitige Ende. Gerade im Kontrast zu der friedlichen Idylle von Hiddensee wird deutlich, wie krass und nachhaltig der Einschnitt in Deutschland künstlerische Entwicklungen jäh unterbrach und das Geistesleben in Deutschland ruinierte.

Gret Palucca auf Hiddensee

Gret Palucca – Der Spagat nach Hiddensee

Das Hochgefühl der goldenen zwanziger Jahre ließ sich zwar nicht in seiner ganzen Fülle wiederherstellen, dazu war der Einschnitt der vergangenen Jahre viel zu tief gewesen. In Gestalt Gret Paluccas sollte jedoch nach dem Krieg etwas von dem Geist auf die Insel zurückkehren, der die Avantgardebewegungen erfüllt hatte. Die Tänzerin kam 1948, nach wechselvollen Jahren, zum ersten Mal nach Hiddensee. Mit ihr findet die Geschichte der Künstler, die dem Charme des Ortes erlegen waren, ihre Fortsetzung.

Zunächst war Hiddensee für Gret Palucca nicht viel mehr als ein Ausweichquartier: Weil der Tänzerin durch die Währungsreform das nötige Kleingeld für den gewohnten Sylt-Aufenthalt fehlte und Hiddensee einigermaßen erschwinglich war, führte sie der Weg erstmals dorthin. Auf der Ostseeinsel fand Gret Palucca jene Abgeschiedenheit wieder, die sie in den Zwanzigern bereits auf Sylt gesucht hatte und die dort zusehends abhanden gekommen war, in dem Tempo, mit dem Sylt zur Modeinsel wurde. Auf Hiddensee ließ sich das spartanische, schlichte Leben führen, das sie bevorzugte.

Gret Palucca ist eine der Frauen, die Anfang des zwanzigsten Jahrhunderts den Tanz revolutionierten: Keine gestelzten Ballettschritte mehr, kein braves Trippeln zur Musik, sondern ganzer Einsatz des Körpers, der einer Musik mit gewagten Sprüngen und mitunter pantomimischen Figuren eine neue Qualität abtrotzt, ein Tanz, der den Raum erobert, in dem er sich bewegt. Die achtzehnjährige Gret Palucca begann 1920 Stunden bei der Tanzpionierin Mary Wigman zu nehmen. Die Schülerin war so expressiv in ihren Bewegungen, ihre kraftvollen Sprünge waren bald so berühmt, dass Mary Wigman sich von ihrer Schülerin in den Schatten gestellt sah. Bereits 1924 war Palucca dann auch schon selbst als gefragte Lehrerin für den Tanz tätig; nicht lange, und sie gründete ihre eigene, nach ihr benannte Schule in Dresden. Als Tanzpädagogin konnte sie sich niederlassen, als Künstlerin, die ihre Darbietungen auf Tourneen zeigte, war sie immer wieder unterwegs.

Der moderne Ausdruckstanz, den Palucca lehrte und in den Theatern und Festsälen der Weimarer Republik vorführte, repräsentierte auf seine Weise die Forderung der Zeit nach Befreiung aus überkommenen Formen wie auch der Verschmelzung aller Künste. Der Tänzer suchte den Rhythmus in neuen, räumlichen Dimensionen zu begreifen. Und der Raum, eine Angelegenheit der Architekten wurde von diesen wiederum nach Kriterien des Rhythmus ausgelotet – in den visionären Architekturideen der zehner und zwanziger Jahre. Der Bauhäusler László Moholy-Nagy dazu:

> *Wir sprechen von Gestaltung, von Gesetzmäßigkeit der Gestaltung – wir versuchen eine neue Ästhetik zu formulieren [...] Palucca verdichtet den Raum, sie gliedert ihn: Der Raum dehnt sich, sinkt und schwebt – fluktuierend in allen Richtungen.*[46]

Es ist nicht zuletzt ein Ideal des Bauhauses gewesen, die verschiedenen künstlerischen Ausdrucksformen so zu verbinden, dass eine einzige synästhetische Gestalt zum Ausdruck kommen möge, und Palucca sprach stets von dem enormen Einfluss, den das Bauhaus seit je auf ihre Tanzideale ausgeübt hat. Man weiß von guten Beziehungen zu den Bauhauslehrern Walter Gropius, Paul Klee und Wassily Kandinsky und zu Piet Mondrian, mit denen sie auch befreundet gewesen ist. Gret Palucca verlor nie viele Worte über ihre 1924, im Jahr der Schulgründung geschlossene und nur mehr sechs Jahre währende Ehe mit dem wohlhabenden und einflussreichen Dresdner

Kaufmann Friedrich Bienert; es will scheinen, dass dieses Einheiraten in die angesehene Gesellschaft der Stadt nicht ganz ohne Folgen für den Karrieresprung der Tänzerin gewesen ist. Und weil die Bienert-Dynastie sich auch mäzenatisch betätigte und ein offenes Haus für Künstler pflegte, geriet Gret Palucca durch diese Ehe auch mitten hinein in die Kreise prominentester Avantgardekünstler. Mit ihrem Tanz war sie damit unter Ihresgleichen – vielleicht schneller, als sie es sich hatte träumen lassen.

Es fällt schwer zu verstehen, warum gerade eine Frau wie Gret Palucca versuchte, soweit es irgend ging, im Dritten Reich als Künstlerin zu bestehen – ein schwieriger Spagat selbst für die begnadete Tänzerin. Die neuen Machthaber wollten anfangs das Pathos von Paluccas tänzerischem Ausdruck – ihre kraftvollen Sprünge, ihre energischen Bewegungen – für die Demonstration des dynamischen Germanen ausschlachten. Palucca tanzte weiter: Noch bei den Eröffnungsfeiern der Olympischen Spiele von 1936 in Berlin hatte sie exklusiv mit Solotanzeinlagen auftreten dürfen – und wurde von Leni Riefenstahl gefilmt. Drei Jahre später musste sie ihre Schule schließen und wurde aufgefordert, für öffentliche Auftritte künftig eine Sondergenehmigung einzuholen. Die Journalisten im Land wurden zudem

Die erste Aufnahme von Palucca auf Hiddensee

angehalten, ihre Darbietungen auf keinen Fall lobend hervorzuheben, sie bestenfalls zu erwähnen. Was war geschehen? Man hatte herausgefunden, dass Gret Palucca jüdischer Herkunft war, mütterlicherseits, womit sie nach den Kategorien der neuen Herren nur mehr geduldet wurde. Möglicherweise war dieser Umstand ihnen ganz willkommen, weil sich Gret Palucca und ihr Tanz am Ende doch als zu eigenwillig für Propagandazwecke herausstellte.

Doch Gret Palucca tanzte weiter – eine Besessene. Nur so ist es zu erklären, dass sie jene Jahre, in denen sie um viel Applaus der Öffentlichkeit – das Brot des Künstlers! – gebracht wurde, als Tänzerin überstehen konnte. Zudem: Mit ihrem Medium, dem Tanz, einem Ausdrucksmittel, das doch ganz unabhängig von der Beherrschung fremder Sprachen ist, wäre es ihr leichter gefallen als etwa einer Schriftstellerin oder einer Schauspielerin, Hitlers Reich den Rücken zu kehren und ins Ausland zu gehen. Palucca blieb – und die Listen ihrer Auftritte sind lang; im Rahmen einer Bädertournee in der Saison 1942/43 trat sie sogar auf Sylt vor stationierten Soldaten auf.
Palucca kam durch – aber vielleicht war der plötzliche Fall in Ungnade im Nachhinein sogar ihr Glück. Somit kam es nicht zu weiteren Ehrenbezeugungen der Nazis, die vielleicht aus Palucca eine vollkommen

ungebrochene Mitläuferin gemacht hätten – eine Rolle, in der man die einnehmende Tanzpionierin nur ungern sehen will.

Unmittelbar nach dem Zweiten Weltkrieg begann Gret Palucca wieder zu unterrichten, inmitten des zerstörten Dresden. In der neuen Republik zählte man auf sie und den Ruhm, den sie sich schon so früh erworben hatte. Während der Sommerwochen organisierte sie bald schon wieder Tanzkurse auf Sylt. Nach Hiddensee, das sie bereits kannte, wich sie aus, als sie sich Ende der Fünfziger Jahre mit dem Regime der DDR anlegte; wie zu erwarten, scherte die eigenwillige Palucca auch aus den Vorstellungen derer aus, die den „Sozialistischen Realismus" zur neuen bahnbrechenden Staatskunst erhoben hatten. Sie protestierte gegen gewisse Vorgänge, die sie für ausgemachte Schikane hielt. Noch nicht zu spät erkannten die DDR-Gewaltigen indes, welch schillernde Persönlichkeit sie da eigentlich ziehen lassen wollten und schafften es, sie mit vorteilhaften Lockangeboten wie einem eigenem Auto und einem eigenen Chauffeur und dem geplanten Neubau ihrer eigenen Schule wieder zurückzuholen. Letztendlich war der weitgehend abstrakte Tanz in einem totalitären Staat unverfänglicher als das explizite Wort, so dass man es sich am Ende leisten

Palucca im Gespräch mit einem Fischer, Vitte auf Hiddensee 1969

konnte, die Tänzerin, die – nach ihren eigenen Worten – schon immer „nicht hübsch und lieblich tanzen“ wollte, als eine DDR-Kunstschaffende von internationalem Format über die Grenzen des Landes hinaus zu empfehlen.

Als die Tänzerin 1960 erstmals mit dem Deutschen Nationalpreis für Kunst und Literatur in der DDR ausgezeichnet wurde, legte sie das Preisgeld in einer Immobilie auf Hiddensee an. Sie erwarb ein großes Grundstück in Vitte, gleich hinter dem Deich am Norderende, und bewohnte in den Sommermonaten dort ein schlichtes reetgedecktes Haus mit drei kleinen Zimmern. Ein Haus der Frauen? Gret Palucca verbrachte die zweite Lebenshälfte mit ihrer Partnerin Marianne Zwingenberger, einer Kinderärztin; sie umgab sich mit lauter Frauen, Mitarbeiterinnen und Schülerinnen. Wann immer Gret Palucca seit den fünfziger Jahren Sommer für Sommer wieder in ihr Vitter Haus zurückkehrte, empfing sie kategorisch nur dort: Die jungen Studentinnen, die als Anwärterinnen für das kommende Semester bei der Tanzpionierin vorsprechen wollten, mussten dazu schon die Überfahrt auf die Insel auf sich nehmen, und selbst hohe Vertreter des Zentralkomitees der DDR sahen sich wohl oder übel gezwungen, den Weg dorthin zurückzulegen, sobald sie etwas mit ihr zu verhandeln hatten. Und wie vordem Gerhart Hauptmann benutzte Palucca auch nicht die Fähre; sie ließ sich stets exklusiv von Freunden, die ein eigenes Boot besaßen, auf die Insel übersetzen.

Es ist schon einiges gesagt worden über den Zusammenhang zwischen den Eigenschaften des Palucca-Tanzes und denen der Insel Hiddensee.[47] Paluccas Vorliebe für diesen Ort mochte ihrem Bedürfnis nach jener Schlichtheit und Körpernähe entsprechen, die sich auch in ihrem Tanz so eindrucksvoll zeigt. Ihre Bewegungen sind entschlackt von Arabesken ebenso wie die versteckte, unerschrockene Insel Landschaft pur ist, einfach das Elementare bietet. Die befreiten, expressiven Bewegungen des Palucca'schen Tanzes drücken bestens den alten Drang des ‚Zurück zur Natur' aus, und die natürliche Reduziertheit Hiddensees entsprach genau dessen einfachem, spartanischem Stil.

Gret Palucca starb neunzigjährig am 22. März 1993. Auf ihren eigenen Wunsch hin wurde sie auf dem Inselfriedhof in Kloster beerdigt. Sie selbst war es, die noch zu Lebzeiten die Grabstätte erwarb, die sie sich für die letzte Ruhe ausgesucht hatte. Auf ihrem Grab ist ein für die Landschaft typischer Findling aufgerichtet, der keine ihrer Meriten preisgibt, keinen

Spruch aufweist, sondern der lediglich die schlichten Lettern PALUCCA trägt. Der Wunsch, hier begraben zu werden, ist ein deutliches Bekenntnis zu diesem Flecken Erde, ist auch eine unwiderrufliche Liebeserklärung an die Insel.

Gret Palucca zu Ehren findet seit 1996 alljährlich in den Sommermonaten die Palucca-Tanzwoche auf Hiddensee statt, veranstaltet von Studenten und Studentinnen der Dresdner Schule, die im Haus am Hügel in Kloster wohnen, einem Gebäude aus rotem Backstein und mit weißen Fensterrahmungen, ganz im Stil der dreißiger Jahre. Im Freien, in bunten Kostümen, stellen sie auf den Wiesen und Deichen der Insel ihre einem expressionistischen Lebensgefühl und den Maximen Gret Paluccas verpflichteten Choreographien eindrucksvoll zur Schau.

Ilse Ebel, 2002

Die Fotografin Ilse Ebel – Immer im Bilde

Gret Paluccas Freundschaft mit Ilse Ebel sind die zahlreichen Fotografien zu verdanken, auf denen die Tänzerin während ihrer regelmäßigen Hiddensee-Aufenthalte zu sehen ist. Die Tänzerin und die Fotografin verband eine innere Verwandtschaft: unbedingte Freiheitsliebe und Unabhängigkeit, die tiefe Verbundenheit mit einer Sache, der sie sich voll und ganz hingaben, und schließlich die Liebe zu ein und demselben Ort, den sich beide Frauen zur Wahlheimat erkoren hatten. Sie waren Nachbarinnen und wurden Freundinnen, als Gret Palucca begann, ihre Sommer auf Hiddensee zu verbringen.

Diese Verbundenheit der beiden Frauen wurde möglicherweise von einem Geist aus einer anderen Zeit gestiftet, der in beiden überlebt hatte. Während der zwanziger Jahre war die Rede von der ‚Neuen Frau' gewesen, die sowohl Gret Palucca als auch die um zehn Jahre jüngere Ilse Ebel jeweils auf ihre Weise verkörpern. Während Gret Palucca sich auf dem Parkett des Tanzes mit einem ganz neuen Stil durchsetzte, ergriff Ilse Ebel einen Beruf, der für Frauen damals noch eine relative Neuheit bedeutete. Sie wurde Fotografin.

Eine Vielzahl der Aufnahmen von Hiddensee, Ansichten der Insel sowie Porträts von zugereisten Künstlern und einheimischen Fischern tragen den Stempel der „Lichtbildnerei Ebel" in Vitte. Deren Gründer und Inhaber Max Ebel bildete seine Tochter Ilse in den dreißiger Jahren zur Fotografin aus – eine ähnliche Konstellation wie im Leben der großen Lotte Jacobi, die von der Professionalität und dem Fotostudio ihres Vaters profitierte. Max Ebel muss ein fortschrittlicher Mann gewesen sein – eine junge Frau, die damals ernsthaft fotografieren wollte wie seine Tochter, galt geradezu als eine Verrückte, als Querschläger. Ilse Bing etwa, ebenfalls eine Fotografin der ersten Stunde, erntete den ganzen Unmut ihrer Eltern, als sie den Wunsch äußerte, nicht mehr weiterstudieren, sondern Fotografin werden zu wollen. Fotografie war damals bestenfalls ein avanciertes Hobby. „Und ein ‚Fräulein Doktor', das war etwas, zu dem man aufsah. Und dass ich das aufgab für die Fotografie – alle Leute haben mich fallengelassen. Und meine beste Freundin hat zu mir gesagt: ‚Ich habe keinen Respekt mehr vor dir!'" [48]

Man muss sich eine Ilse Ebel vorstellen, die Ende der zwanziger Jahre als Halbwüchsige über die Inselwege läuft und es dem Vater nachmacht. Und bei dem damaligen Künstleraufkommen auf Hiddensee bedurfte es wohl nicht des großen Zufalls, bis ihr illustre Personen vor die Linse liefen, deren Rang sie vielleicht nicht genau einzuschätzen vermochte, die aber exzentrisch genug daherkamen, um schon deshalb ein geeignetes Motiv abzugeben. Nur einen Steinwurf von der Lichtbildnerei Ebel entfernt wohnte Asta Nielsen; so entstand eine ganze Serie von Fotos – eine in der Sommerfrische ganz gelöste Asta Nielsen in heruntergerollten weißen Söckchen und verschiedenen Posen am Strand und vor dem Karusel, allein, mit der Tochter, mit Joachim Ringelnatz.

Ilse Ebels Ausbildung im Geschäft des Vaters fiel bereits in die Zeit nach 1933. Damit war sie abgeschnitten von den aktuellen Tendenzen, von den Einflüssen, die durch Bauhaus und Neue Sachlichkeit auf ihre Arbeit hätten wirken können. Ilse Ebel lernte ihr Handwerk in der relativen Abgeschiedenheit der Insel. Max Ebel hatte sich 1938 entschieden, das Stammhaus des Unternehmens im brandenburgischen Neuruppin zu schließen und die kleine Filiale auf Hiddensee zu seinem Hauptsitz zu machen. Dieser Entschluss mochte mit dem Gedanken verbunden gewesen sein, dass er Hiddensee für einen einigermaßen beschützten Rückzugsort hielt; in weiser Voraussicht mochte er auch an einen bevorstehenden Krieg gedacht haben, bei dem Hiddensee sicher nicht in der Schußlinie liegen würde. Als Ilse Ebel im Oktober 1942 mit dreißig Jahren ihre Meisterprüfung bei der Handwerkskammer Stralsund ablegte, war der Ernstfall bereits eingetreten: Während des Bombenkrieges blieb Hiddensee tatsächlich von Zerstörungen verschont, über das Wasser des Boddens konnte man aber immer hören, wenn Rügen und Stralsund von Bomben getroffen wurden. Die Aufnahmen der Fotografin aus jener Zeit zeigen Impressionen, wie man sie auf der Insel, an der Meeresküste findet – Wolken, Schwäne, Reetdachhäuser, die Gesichter der Fischer. Die berühmten Exzentriker kamen längst nicht mehr frei Haus und vor die Linse.

So gehört Ilse Ebel zwar zur Avantgarde der Fotografinnen, die ihr Jahrhundert schon früh und in den großen Städten mit der Kamera eroberten – wie Ilse Bing und Lotte Jacobi oder auch Gisèle Freund, Marianne Breslauer oder Germaine Krull –, doch ist ihr Lebenslauf in so ganz anderen Bahnen zu verfolgen. Nicht zum Exil gezwungen, immer das Meer vor Augen und vielleicht so ein Ende des Dritten Reiches abwartend, schloss sie sich in ihrem Tun mit der Naturlandschaft und dem einfachen Leben auf der Insel zusammen. Das Geld ließ sich mit Aufnahmen für Familien und für Frauen verdienen, die die Bilder ihren Männern im Feld schicken wollten. Viel war es nicht.

Als nach dem Krieg die russischen Besatzer an die Ostsee kamen, ließen auch diese sich gern fotografieren; und als die DDR gegründet wurde, gab es einen geschäftlichen Aufschwung, weil die Leute ausnahmslos neue Passfotos benötigten. Dann lief der Tourismus wieder schleppend an und es kamen wieder Fremde, um sich fotografieren zu lassen. Als auch das künstlerische Leben nach Kriegsende zögerlich wieder zu sich kam, kehrten seine Protagonisten wieder auf die Insel zurück – wenn auch in keinem Vergleich mehr zu den längst vergangenen Jahren. Dadurch, dass Hiddensee wiederum zu einem Staat gehörte, der durch sein Regime weitgehend von der Außenwelt abgeschnitten war, kehrte nur ein begrenzter Kreis dorthin zurück. Zu viele lebten nicht mehr, zu viele durften nicht mehr.

Und vor Ilse Ebels Kamera hatte sich die Filmschauspielerin Nielsen in die Tänzerin Palucca verwandelt.

Wie Gret Palucca steht wohl auch Ilse Ebel für die Kontinuität ein – die Bohème auf Hiddensee,

Ilse Ebel und Gret Palucca Mitte der 80er Jahre

wenngleich die Fotografin das Atelier ihrer Eltern übernahm und vielmehr anderer Leute Urlaub belichtete, als sich selber Urlaub zu nehmen. Im Unterschied zu so vielen, die sich nicht mehr von der Insel trennen wollten und hier ihre Zelte aufgeschlagen hatten, sich wenigstens während der Sommermonate stolz als Hiddenseer fühlen durften, verließ Ilse Ebel Hiddensee nicht, sobald die Temperaturen sanken – sie kam und blieb, für immer, am Norderende in Vitte: 2007 ist sie hier hochbetagt gestorben. Ilse Ebel suchte und fand ihre Motive in der Beschränkung der kleinen Insel – und versteht man Beschränkung als eine Form der Vertiefung, so ist mit ihrer Arbeit ein ganzer Mikrokosmos entstanden: die weite Welt auf Hiddensee. Gerhart Hauptmann hatte sich 1943 zum allerletzten Mal in seinem Haus Seedorn hoch über dem Meer aufgehalten. 1946, im Jahr seines Todes, notierte Hauptmann noch in seinem Tagebuch:

> „*Wenn ich nicht fürchten müßte, meine guten Schlesier zu kränken, so möchte ich am liebsten auf diesem schlichten Friedhof von Hiddensee meinen ewigen Schlaf schlafen.*“ [49]

Gerhart Hauptmann wurde auf dem Inselfriedhof zur letzten Ruhe gebettet, sein Haus zu einer Forschungs-

und Pilgerstätte. Hiddensee entwickelte sich zu einem beliebten Refugium für Künstler der DDR, etwa der Schauspielerin Helene Weigel und der Schriftstellerin Anna Seghers. Die auf der anderen Seite des Eisernen Vorhangs in Stuttgart lebende Lyrikerin Margarete Hannsmann wiederum beklagte einen großen Verlust, die annähernde Unerreichbarkeit der Insel hinter dem eisernen Vorhang, in einem ihrer Gedichte mit dem Titel „Insel Rügen“:

> *Ausgekratzt: Deutscher Schulatlas/ Namen wie Hiddensee [...] Pfahl um Pfahl balanciere ich/ bis zum Ende der Buhne/ spring/ wo ich nicht vorgesehn bin.*[50]

Eine Insel – die Sehnsucht des Menschen, an einem umgrenzten, für eine erlesene Schar reservierten Flecken Erde seine Feste zu feiern, ist uralt. Die *Reise nach Kythera*, Watteaus berühmtes Gemälde, veranschaulicht wohl am treffendsten diesen mythologischen Traum: Man fährt über das Wasser, läßt eine Welt hinter sich, sobald man an Bord eines Schiffes gegangen ist – man legt auf einer Insel an und hat dort eine andere, eine kleine und überschaubare Welt vor sich. Man richtet sich ein in klaren, abgesteckten Grenzen. Kaum eine andere deutsche Insel ist, wie Hiddensee, ein so starker

Ilse Ebel mit Schaf und Leica in den 50er Jahren

Magnet für freiheitssuchende und freiheitsliebende Menschen gewesen. Gerade die Einfachheit macht ihre Anziehungskraft aus: „Hiddensees größter Zauber", so Max Kruse, „war seine großartige und uferlose Ereignislosigkeit, […] das schöne Gleichmaß der Tage." [51]

Einfachheit, Schlichtheit, Ereignislosigkeit – so lauten immer wieder die Gründe für die Liebe zur Insel Hiddensee. Das gebotene Unterhaltungsprogramm eher mager, kein großer Rummel, keine Luna-Parks; man sitzt am Meer und schaut aufs Meer und lauscht dem Meer. So viel anderes gibt es hier nicht zu tun und genau deswegen ist man hier – vor hundert Jahren wie auch heute. Ilse Ebels Fotografien von der Insel lassen deutlich werden, welche Bedeutung Hiddensee eigentlich zukommt: Es ist die Zeitlosigkeit der Insel, man darf sich herausgehoben fühlen aus Zusammenhängen, in guten wie in schlechten Zeiten. Vielleicht wird man unerschrocken angesichts der Naturgewalten.

Die kleine Ostseeinsel Hiddensee wird wohl immer wieder eine besondere Attraktion und eine Oase für die Künstler und Intellektuellen aus der Großstadt bleiben. Und wenn die Bohème Urlaub macht, dann reist auch immer eine Idee mit oder ein Kollege, mit dem man etwas Wichtiges über die künstlerischen Angelegenheiten zu besprechen hat: Auch heutzutage muss man nicht besonders lange lauschen, um hier, wie einst Klaus Mann, „in den Dünen und Wäldchen von Theater- und Verlegerangelegenheiten zu hören".[52]

Anmerkungen

1 Asta Nielsen, *Die schweigende Muse*, S. 276.
2 Kurt Tucholsky, „Das Ideal“. In: *Panter, Tiger & Co.*, S. 39.
3 Manfred Faust, *Das Capri von Pommern*, S. 178.
4 Henning Sietz, „Strand“, Mare-Heft Nr. 8.
5 Wilhelm Schmidtbonn, *Die unerschrockene Insel*, S. 80 – 113.
6 Nielsen, zit. n. Renate Seydel, *Hiddensee*, S. 172.
7 Nielsen, S. 278.
8 Nielsen, S. 278.
9 Seydel, S. 174.
10 Helga Bemmann, *Joachim Ringelnatz*, S. 190.
11 Nielsen, S. 279.
12 Nielsen, S. 284.
13 Nielsen, zit. n. Seydel, S. 180.
14 Nielsen, S. 280.
15 Nielsen, zit. n. Seydel, S. 176.
16 Hermann Müller, „Propheten und Dichter auf dem Berg der Wahrheit. Gusto Gräser, Hermann Hesse, Gerhart Hauptmann.“ In: *Lebensreformen.* S. 321 – 324.
17 Klaus Mann, *Kind dieser Zeit*, S. 193.
18 Klaus Mann, S. 181.
19 Katia Mann, *Meine ungeschriebenen Memoiren*, S. 46 – 47.
20 Klaus Mann, S. 192 – 193.
21 Faust, S. 184.
22 Schmidtbonn, S. 23.
23 Wieland Barthelmess, *Elisabeth Büchsel*, S. 8.
24 Barthelmess, S. 53.
25 Schmidtbonn, S. 22.
26 Faust, S. 200 – 201.
27 Max Kruse, *Die behütete Zeit*, S. 113.

28 Kruse, zit. n. Seydel, S. 200.

29 Schmidtbonn, S. 26.

30 Schmidtbonn, S. 45.

31 Seydel, S. 198.

32 Kruse, zit. n. Seydel, S. 191.

33 Max Kruse, S. 112.

34 Die in der Literatur voneinander abweichenden Jahreszahlen richten sich hier nach den Angaben im Bauarchiv der Berliner Akademie der Künste.

35 Adolf Behne, zit. n. Kühne, *Max Taut*, S. 12.

36 Alfred Kuhn, *Max Taut.*, k.S.

37 Faust, S. 182.

38 Nielsen, S. 277.

39 Karasek, 1992, S. 77.

40 Éluard, zit. n. Gateau, S. 163.

41 Joseph Roth, „Ostsee-Reise“, in: *Orte*, S. 80.

42 Nielsen, S. 284 – 285.

43 Nielsen, S. 284 – 285.

44 Faust, S. 190.

45 Faust, S. 190.

46 Gerhard Schumann, *Palucca. Porträt einer Künstlerin*, S. 60.

47 vgl. z.B. Stabel.

48 Ilse Bing, *Fotografien 1926 – 1956*, S. 12.

49 Seydel, S. 140.

50 Margarete Hannsmann, in Bender, S. 190 – 191.

51 Kruse, S. 113.

52 Klaus Mann, S. 192 – 193.

Bildnachweis

Ein ganz herzlicher Dank gilt Frau Ilse Ebel für Auskünfte und Fotografien.

aus Akademie der Künste, *Max Taut 1884 – 1967*, Berlin, 1984: 72
aus Michael Baade u. Wolf-Dietmar Stock, *Hiddensee*, Fischerhude, 1992: 44
Elisabeth Büchsel: 40, 47 (VG Bild-Kunst, Bonn 2003)
Ilse Ebel: 6, 14, 19, 23, 56, 76, 82, 96, 101, 104, 114, 117
Gerhart-Hauptmann-Haus, Kloster: 26
aus Uwe Naumann, *„Ruhe gibt es nicht bis zum Schluß"*, Reinbek bei Hamburg, 1999: 32, 37
Beate Nelken: 108
KÄTHE-KRUSE-ARCHIV, Torsten Rehbinder: 64, 67, 68
Alexander Kanoldt: 88, Vor-/Nachsatz (Staatliche Graphische Sammlung München / VG Bild-Kunst, Bonn 2003)
Sammlung Kurt Dittmann: 29, 50, 93

Zum Nachschlagen und Weiterlesen

Baade, Michael und Wolf-Dietmar Stock: *Hiddensee. Insel der Fischer, Maler und Poeten.* Fischerhude: Verlag Atelier im Bauernhaus. 1992.

Barthelmess, Wieland: *Elisabeth Büchsel 1867 – 1957. Ein Leben zwischen Paris und Hiddensee.* Fischerhude: Verlag Atelier im Bauernhaus. 1996.

Beckers, Marion und Elisabeth Moortgat: *Atelier Lotte Jacobi. Berlin – New York.* Berlin: Nicolaische Verlagsbuchhandlung. 1997.

Bemmann, Helga: *Joachim Ringelnatz. Leben und Werk des Dichters, Malers und Artisten.* Berlin: Propyläen. 1996.

Bing, Ilse. *Fotografien 1929 – 1956.* Aachen. Suermondt-Ludwig-Museum. 1996. (Ausstellungskatalog).

Bohlmann-Modersohn, Marina: *Paula und Otto Modersohn.* Reinbek: Rowohlt. 2003.

Buchholz, Kai, u.a. (Hg.): *Die Lebensreform. Entwürfe zur Neugestaltung von Leben und Kunst um 1900.* Band I. Darmstadt: Verlag Häusser/Institut Mathildenhöhe. 2001.

Danckwardt, Otto: *Alexander Ettenburg, der Einsiedler von Hiddensee.* Stralsund: Voss. 1929.

Deutschland, Heinz und Jonas Geist: *Max Taut. Architekt und Lehrer.* Berlin: Hochschule der Künste. 1999.

Domrös, Manfred: *Elisabeth Büchsel. Die Malerin von Hiddensee.* Rostock: FC Verlag Frank Müller. 1994.

Faust, Manfred: *Das Capri von Pommern. Geschichte der Insel Hiddensee von den Anfängen bis 1990.* Rostock: Ingo Koch Verlag. 2000.

Fricke, Hertha: *Schicksal auf Hiddensee.* Niedersedlitz: Münchmeyer. 1933.

FRITSCH, Ute: *Künstlerkarte Hiddensee.* Berlin: Verlag Jena 1800. 2003.

GÂTEAU, Jean-Charles: *Paul Éluard ou le frère voyant.* Paris: Laffont. 1988.

HANNSMANN, Margarete: „Insel Rügen". In: Bender, Hans (Hg.): *In diesem Lande leben wir. Deutsche Gedichte der Gegenwart.* Frankfurt/Main: Fischer. S. 190-191.

HEPP, Corona: *Avantgarde. Moderne Kunst, Kulturkritik und Reformbewegungen nach der Jahrhundertwende.* München: dtv. 1987.

HOGHE, Raimund: „Palucca, der Tanz und das Meer." In: *Die Ausdruckstänzerin und Pädagogin Gret Palucca. Zeitporträts.* Weinheim, Berlin: Quadriga. 1993. S. 207 – 218.

JARCHOW, Peter und Ralf Stabel: *Palucca. Aus ihrem Leben – über ihre Kunst.* Berlin: Henschel Verlag. 1997.

KALÉKO, Mascha: *Das lyrische Stenogrammheft.* Reinbek: Rowohlt. 1956.

KEMNA, Friedhelm: "Seepferdchens Landpartie. Wiedersehen mit der Insel Hiddensee." In: *Die Welt*, Nr. 203, 31. 08. 1991, S. 19.

KRUSE, Käthe: *Ich und meine Puppen.* Freiburg: Herder. 1982.

KRUSE, Max: *Die versunkene Zeit. Bilder einer Kindheit im Käthe-Kruse-Haus.* Stuttgart: DVA. 1983.

KRUSE, Max: *Die behütete Zeit. Eine Jugend im Käthe-Kruse-Haus.* Norderstedt: Libri, books on demand. 2000.

KÜHNE, Günther: „Max Taut. Versuch, einen Bau-Meister darzustellen." In: *Akademie der Künste*: Max Taut 1884 – 1967. Zeichnungen, Bauten. Berlin. 1984 (Ausstellungskatalog).

KUHN, Alfred: *Max Taut. Bauten.* Berlin und Leipzig: Deutsche Architektur-Bücherei. 1932.

LANDESAMT für Denkmalpflege Mecklenburg-Vorpommern (Hg.): *Die Bau und Kunstdenkmale in Mecklenburg-Vorpommern. Vorpommersche Küstenregion.* Berlin: Henschel. 1995.

MANN, Katia: *Meine ungeschriebenen Memoiren.* Frankfurt/Main: Fischer. 1974.
MANN, Klaus: *Kind dieser Zeit.* Reinbek: Rowohlt. 1991.
NIELSEN, Asta: *Die schweigende Muse. Lebenserinnerungen.* Berlin: Hinstorff Verlag. 1961.
PIECHOCKI, Reinhard: „Onkel Os, der König der Insel Hiddensee." In: *Ostsee-Zeitung,* 20./21. Januar 2001.
POSENER, Julius: *Berlin. Auf dem Weg zu einer neuen Architektur. Das Zeitalter Wilhelms II.* München: Prestel. 1995.
ROTH, Fedor: *Hermann Muthesius. Für eine Kultur der Harmonie.* Berlin: Gebr. Mann Verlag. 2001.
ROTH, Joseph: „Ostsee-Reise" In: Roth, Joseph: *Orte. Ausgewählte Texte.* Leipzig: Reclam. 1990. S. 76 – 80.
SCHMIDTBONN, Wilhelm: *Die unerschrockene Insel. Sommerbuch aus Hiddensee.* München: Drei Masken Verlag. 1925.
SCHUMANN, Gerhard (Hg.): *Palucca. Porträt einer Künstlerin.* Berlin: Henschel. 1972.
SEYDEL, Renate (Hg.): *Hiddensee. Ein Lesebuch.* München: Ullstein. 2000.
SEYDEL, Renate und Allan Hagedorff (Hg.): *Asta Nielsen. Ihr Leben in Fotodokumenten, Selbstzeugnissen und zeitgenössischen Betrachtungen.* Berlin: Henschel. 1981.
SIETZ, Henning: „Neue Bäder heilen gut oder Der lange Weg zurück ans Meer. Die Geschichte der deutschen Seebäder." In: *mare* Nr. 8 „Strand", Juni/Juli 1998, S. 54 – 59.
STABEL, Ralf: *Tanz, Palucca! Die Verkörperung einer Leidenschaft.* Die Biographie. Berlin: Henschel. 2003.
TAUT, Max: *Bauten und Pläne.* Herausgegeben von Roland Jaeger, Adolf Behne und Tilman Buddensieg. Berlin: Gebrüder Mann Verlag. 1996.
TENDENZEN DER ZWANZIGER JAHRE. 15. Europäische Kunstausstellung Berlin 1977. Berlin: Dietrich Reimer Verlag. 1977. (Ausstellungskatalog)

THOMAS, Saskia: *Na fabelhaft! Über Fotolust und Lebenskunst der Fotografenmeisterin von Hiddensee Ilse Ebel.* Rostock: Ingo Koch Verlag. 2002.

TUCHOLSKY, Kurt: „Das Ideal". In: *Panter, Tiger & Co.* Reinbek: Rowohlt. 1960. S. 39.

8. Auflage 2021

Umschlaggestaltung unter Verwendung eines Fotos
von Ilse Ebel: Lisa Neuhalfen, moretypes Berlin
Satz: Alexander Görlt, Berlin
Druck und Bindung: GGP Media GmbH, Pößneck
ISBN 978-3-934703-60-5
www.ebersbach-simon.de

Gedruckt auf Papier aus nachhaltiger Forstwirtschaft
Printed in Germany